路面電車4569散歩

鈴木さちこ

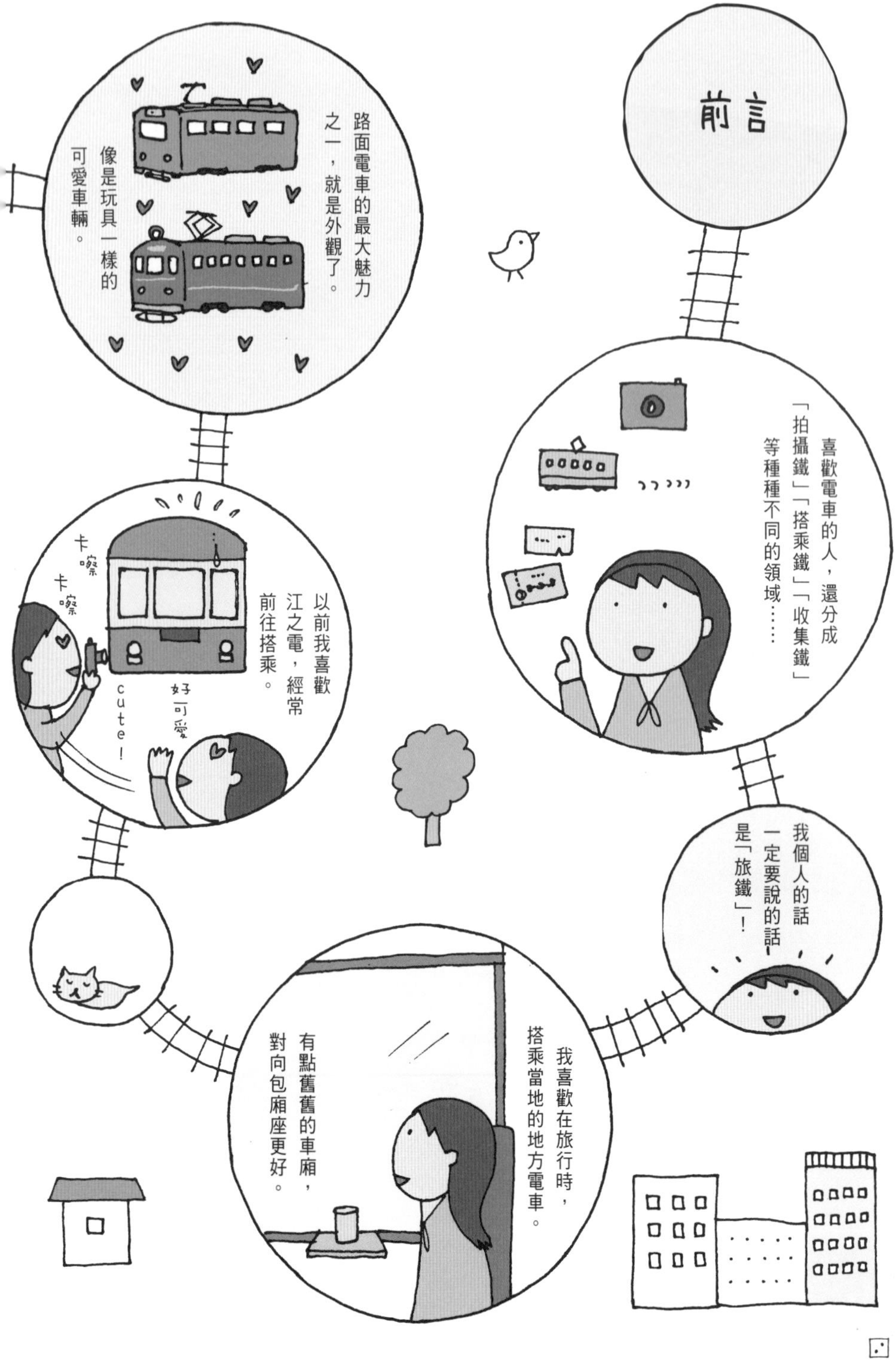
前言
喜歡電車的人，還分成
「拍攝鐵」「搭乘鐵」「收集鐵」
等種種不同的領域……
我個人的話
一定要說的話
是「旅鐵」！
我喜歡在旅行時，
搭乘當地的地方電車。
有點舊舊的車廂，
對向包廂座更好。
以前我喜歡
江之電，經常
前往搭乘。
卡嚓
卡嚓
cute!
好可愛
路面電車的最大魅力
之一，就是外觀了。
像是玩具一樣的
可愛車輛。

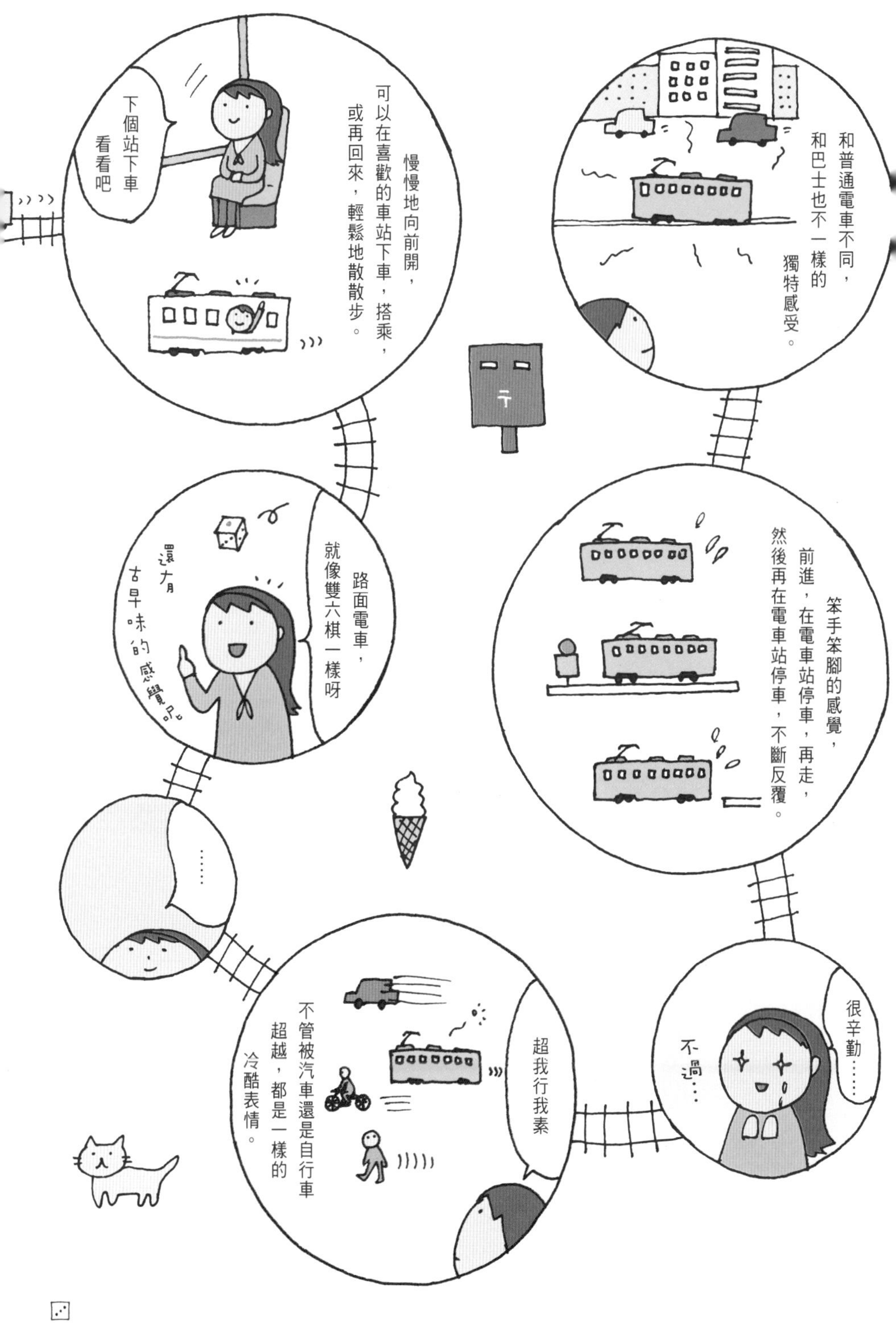
和普通電車不同，
和巴士也不一樣的
獨特感受。
慢慢地向前開，
可以在喜歡的車站下車，搭乘，
或再回來，輕鬆地散散步。
下個站下車
看看吧
笨手笨腳的感覺，
前進，在電車站停車，再走，
然後再在電車站停車，不斷反覆。
路面電車，
就像雙六棋一樣呀
還有
古早味的感覺呢
……
很辛勤……
不過…
超我行我素
不管被汽車還是自行車
超越，都是一樣的
冷酷表情。

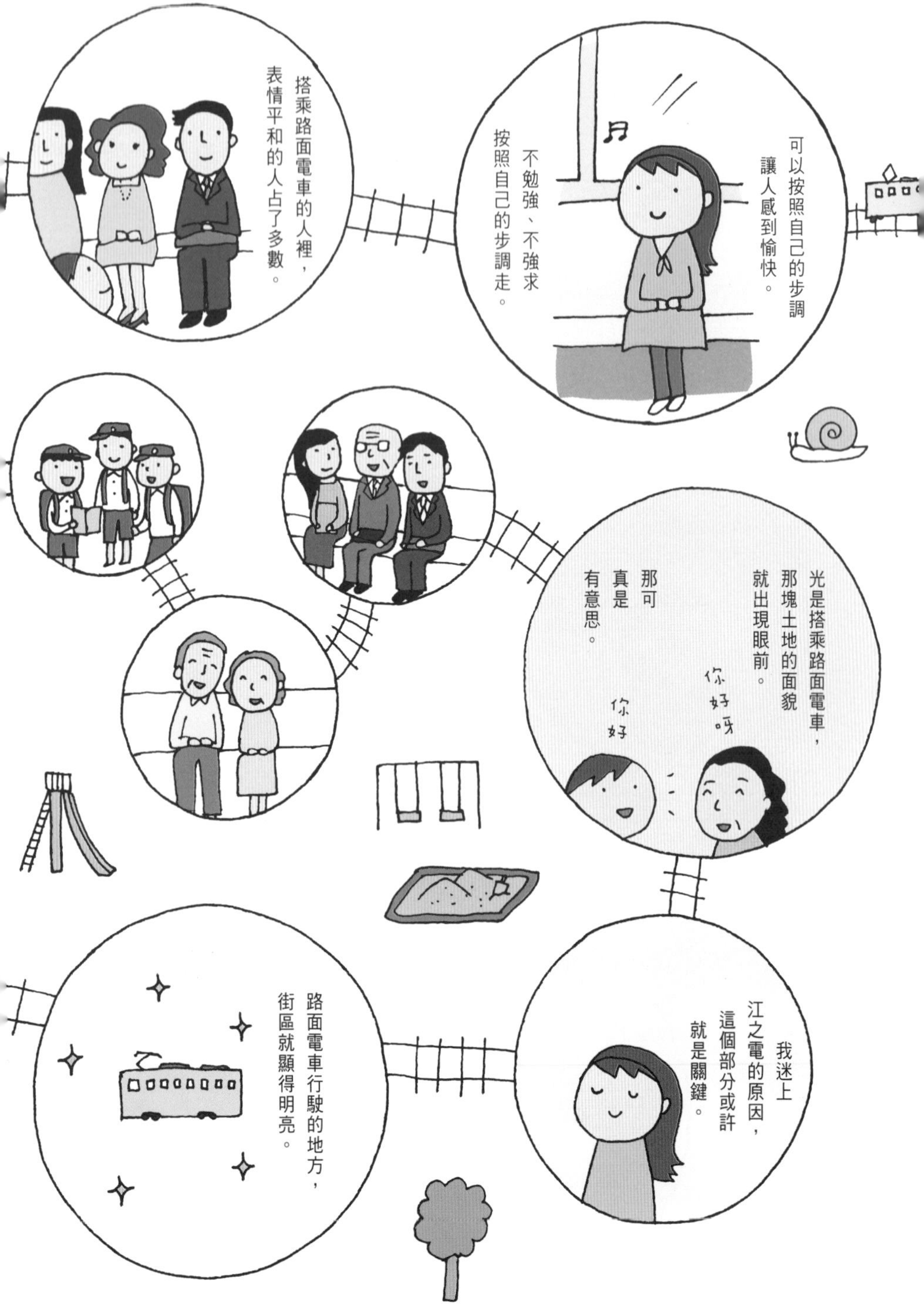
可以按照自己的步調
讓人感到愉快。
不勉強、不強求
按照自己的步調走。
搭乘路面電車的人裡，
表情平和的人占了多數。
光是搭乘路面電車，
那塊土地的面貌
就出現眼前。
那可
真是
有意思。
你好呀
你好
我迷上
江之電的原因，
這個部分或許
就是關鍵。
路面電車行駛的地方，
街區就顯得明亮。

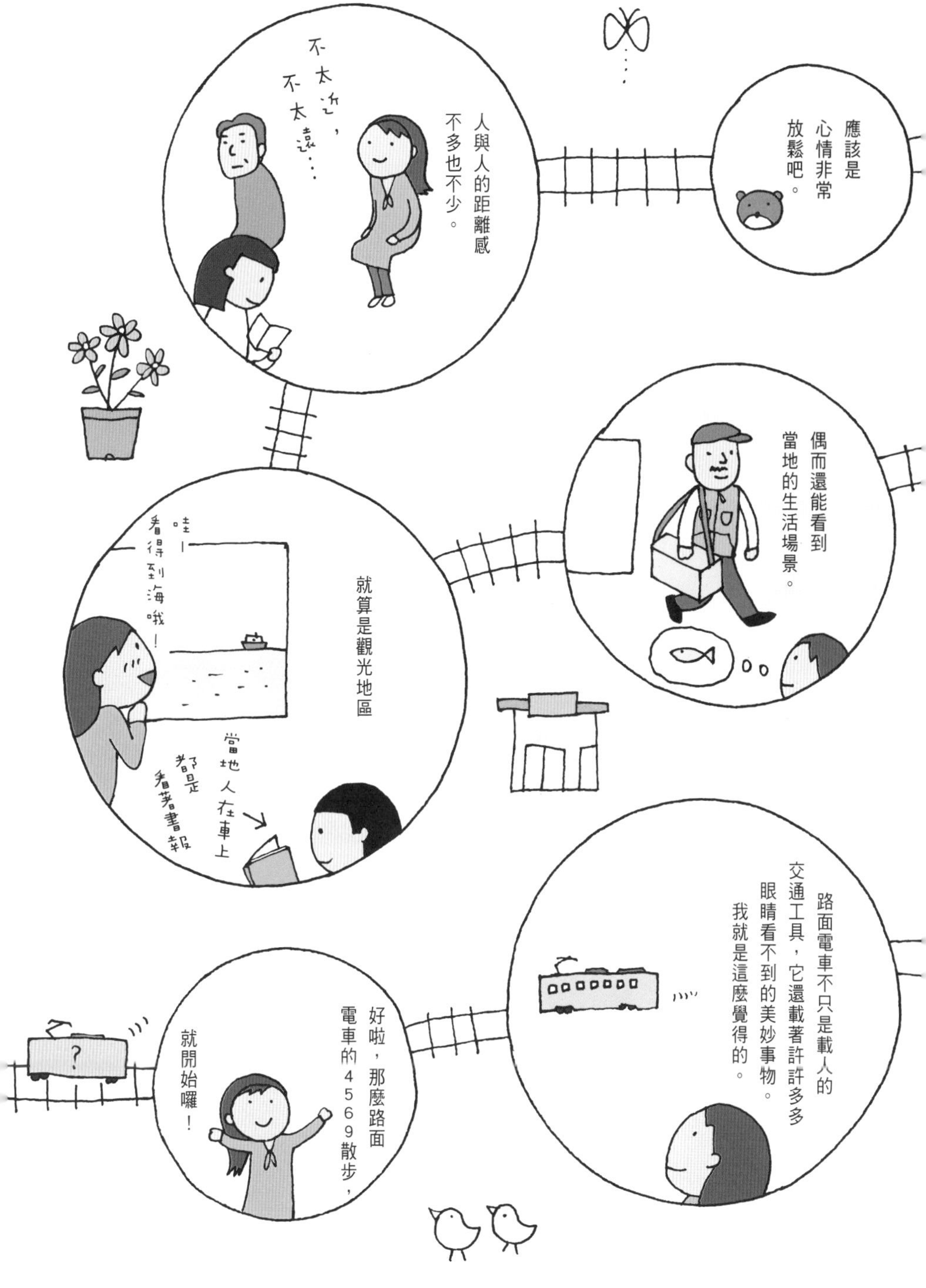
應該是心情非常放鬆吧。
人與人的距離感不多也不少。
不太近，不太遠……
偶而還能看到當地的生活場景。
就算是觀光地區
哇！看得到海哦！
當地人在車上都是看著書報
路面電車不只是載人的交通工具，它還載著許許多多眼睛看不到的美妙事物。
我就是這麼覺得的。
好啦，那麼路面電車的4569散步，
就開始囉！

前言 3

長崎電氣軌道（長崎） 9

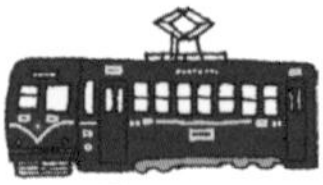
岡山電氣軌道（岡山） 17

鹿兒島市交通局（鹿兒島） 25

廣島電鐵（廣島） 33

函館市電（北海道） 41

Tosaden交通（高知） 51

萬葉線株式會社（富山） 59

札幌市交通局（北海道） 67

江之島電鐵（神奈川） 75

嵐電 京福電氣鐵道（京都） 83

熊本市交通局（熊本） 91

都電荒川線 東京都交通局（東京） 99

福井鐵道福武線（福井） 109

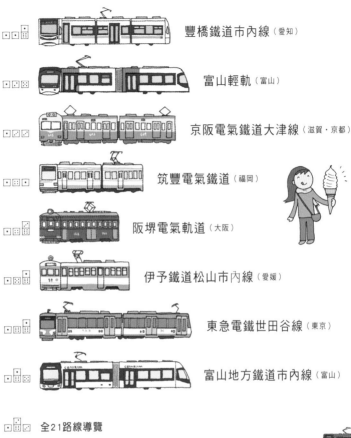

117 豐橋鐵道市內線（愛知）

125 富山輕軌（富山）

133 京阪電氣鐵道大津線（滋賀・京都）

141 筑豐電氣鐵道（福岡）

149 阪堺電氣軌道（大阪）

157 伊予鐵道松山市內線（愛媛）

167 東急電鐵世田谷線（東京）

175 富山地方鐵道市內線（富山）

183 全21路線導覽

190 結語

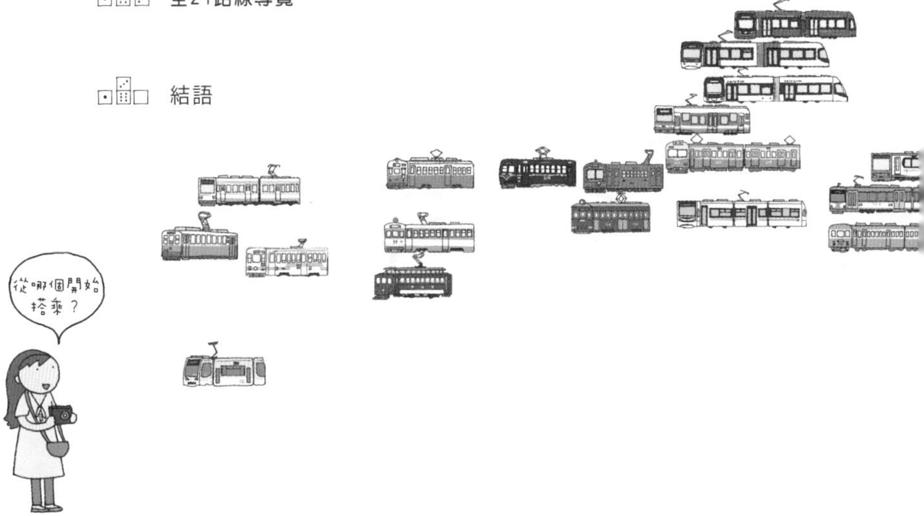

開始閱讀本書之前

○路面電車的定義形形色色，本書中採用如「有行駛在路面的部分」，或是「雖然沒行駛在路面上，但使用類似路面電車的車輛行駛」等的廣義定義，以盡量介紹更多的路線（全書共收錄了21個事業單位）。

○圖片基本上使用刊載在《翼之王國》書中當時的採訪資料，因此會有和現在景觀不同的部分。價格和店名、營業日期時間等部分雖然有加以修訂，但今後仍可能會有變更，詳情請洽詢各事業單位和店家。

○插圖式路線圖的縮尺和彎道和實際不同。格數雖然配合了電車站的數量，但是電車站數量多的Tosaden交通則省略了部分格數。

※4569，是日文「すごろく」套上數字而來。這個詞原稱為「雙六棋」，是一種像是大富翁一般，擲出骰子後一格一格向前進的遊戲。本書以這個概念，一格一格，一處一處地去搭乘各地的路面電車。本書的頁數也以骰子數字表現。

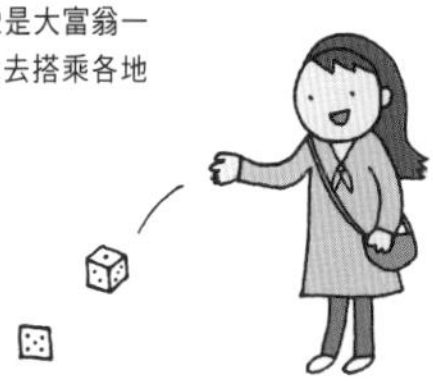

長崎電気軌道

長崎

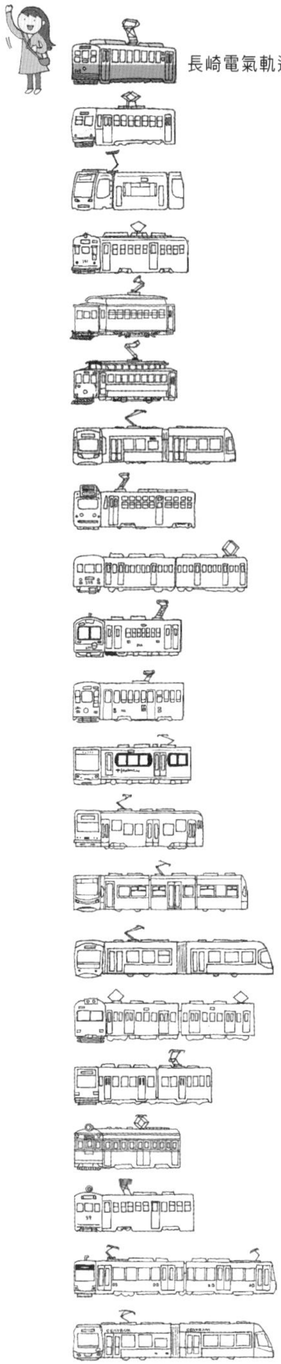

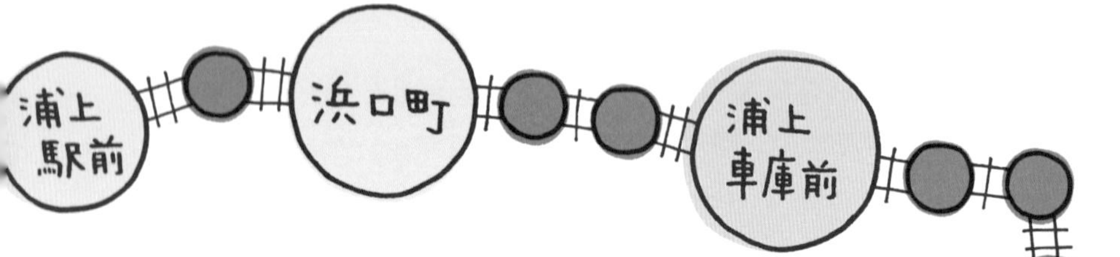
浦上
駅前
浜口町
浦上
車庫前

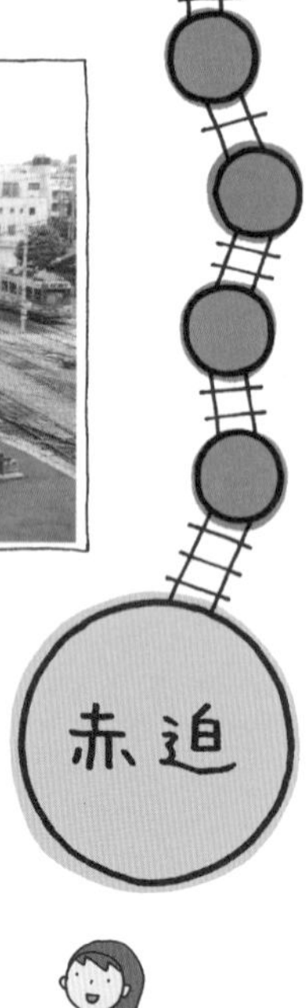
赤迫

像是在研習中的新進司機員們。

浦上車庫裡有許多種類的電車。

撐著陽傘的和服美人沿著長長的斜坡向下走去。新大工町電車站下車，龜山社中遺址附近。

「買來當下酒菜的魚板，被牠們給吃了。這些貓都是野貓，話雖如此，但也像是半養半野的感覺」，伯伯笑咪咪地說道。

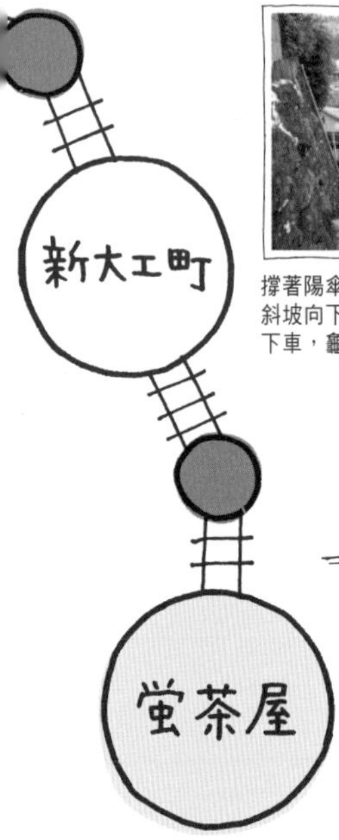
新大工町
蛍茶屋

大而堅固
帥氣十足的駕駛座

3蛍茶屋
對跟在後面行駛的可愛司機員拍個一張。當然，這其實是停車時拍的。

新大工町電車站行人天橋上來個一張。行駛在左右都是汽車的環境下。

卡嚓

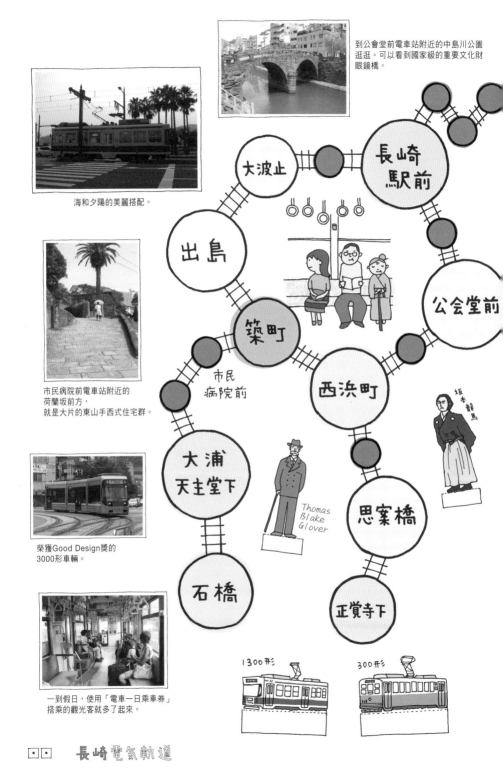

到公會堂前電車站附近的中島川公園逛逛。可以看到國家級的重要文化財眼鏡橋。

海和夕陽的美麗搭配。

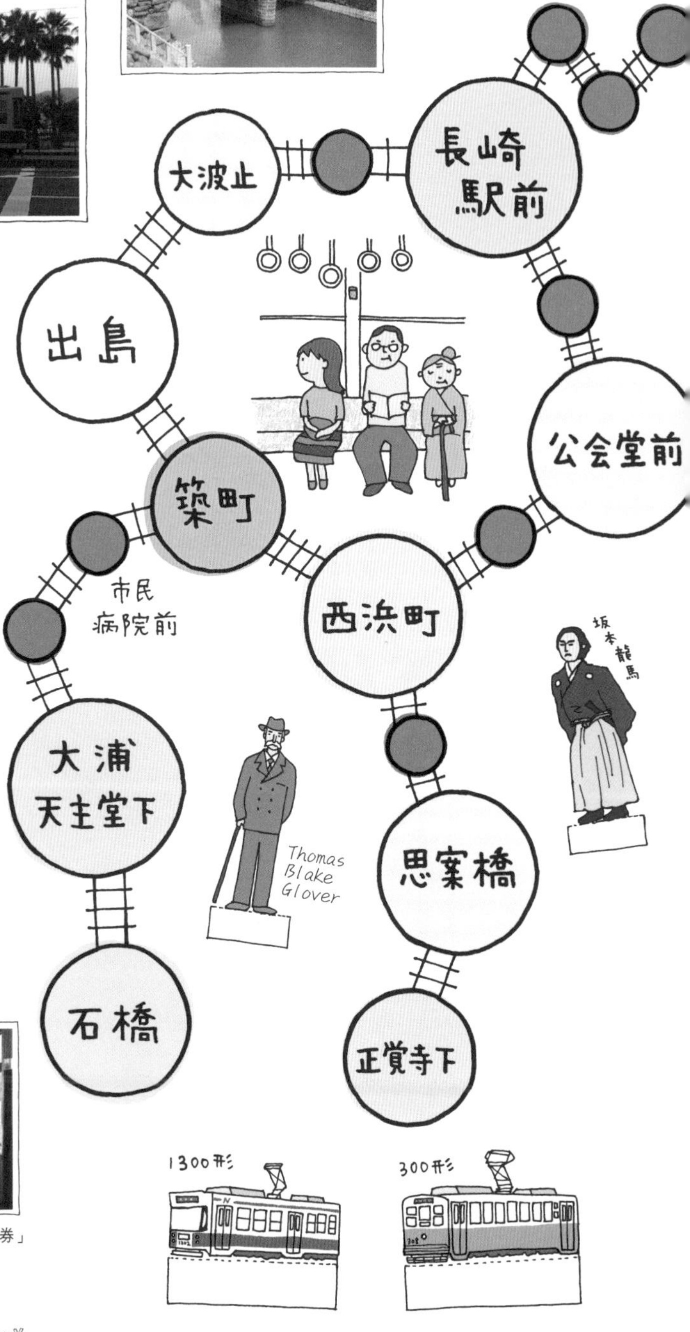

大波止
長崎駅前
出島
公会堂前
築町
市民病院前
西浜町
坂本龍馬
大浦天主堂下
Thomas Blake Glover
思案橋
石橋
正覚寺下
1300形
300形

市民病院前電車站附近的
荷蘭坂前方，
就是大片的東山手西式住宅群。

榮獲Good Design獎的
3000形車輛。

一到假日，使用「電車一日乘車券」
搭乘的觀光客就多了起來。

浜口町

草坪極美的濱口町電車站
長崎電氣軌道的綠化始於此站

⚀ 在左右都是巴士和汽車之間，悠閒行駛的路面電車

聽到路面電車一詞，立刻浮現在腦中的就是長崎。雖然在校外教學時去過，但很悲哀的是印象只停留在吃過強棒麵。這次就決定抱著雪恥的心情，造訪久違的長崎。

長崎的市區很有趣，到處都看得到日本和葡萄牙、荷蘭、中國的元素。還有些日式住宅，窗子的形狀卻帶著些異國的風味。

我看到了悠閒地行駛在快速行駛的巴士和汽車之間的路面電車。一班接著一班的電車駛到，月台前電車甚至排起了隊伍。

只有一節車廂的一人服務車，感覺上坐在對面的客人膝蓋就在眼前，總有些不好意思。叩叩、叩叩的舒服震動。晃動的吊環、橫向流動的窗外風景。抬頭一看，有一幀表框的「この車の経歴書（這輛車的經歷書）」。好像是昭和37年（1962）9月誕生在名古屋，比我的年齡還大。

「有沒有要下車的乘客？」司機員用車內播音詢問。結果車子便未停車駛過了空無一人的月台，下車時要按下車鈴通知司機員的。叮！的一聲，是一種輕快而懷舊感覺的鈴聲。不久，沙沙的音質播放出活潑的CM音樂，聽到了不由得微笑了出來。我正看著手上的路線圖，旁邊的男性長者開口說了話，站在身前的夫妻也自然地加入話局，太太說道，「路面電車比巴士方便多了呢」。大概是分為了路面電車派和巴士派的關係吧。

⚁ 路面電車資料館裡的多件寶物

石橋電車站下了車，搭上了斜著移動的電梯「Glover Sky Road」，不久就在山頂上了。綠意盎然的 Glover 園內散步，令人神清氣爽；吃塊

大浦天主堂是現存日本最老的
基督教建築，已被指定為
日本的國寶

蜂蜜蛋糕享受個午茶的時間。看著窗外，民宅像是緊黏著山勢一般；海上停靠中的船隻。這就是擁有鎖國時代對西方窗口的繁華歷史，戰爭中一度毀壞卻又重生的都市。

到濱口町電車站旁的長崎西洋館3樓，觀賞路面電車資料館裡的古老照片，了解到了大正時代以來，路面電車就是市民的重要交通工具；室內展示了許多老車票等鐵道迷會愛不釋手的罕見寶物。長崎電氣軌道的川本大先生表示，老車子大都使用空氣煞車，而最新型的車輛則多使用動力煞車。在多數的復古形車輛裡，3000形就是個異數，座位的配置和鈴聲都是現代化的。除了有車廂廣告的彩色電車之外，還有別的縣報廢後在此重新出發的車輛等，都是特色所在。資料室前的車庫裡，看到了新進司機員努力練習的姿態，後方則有維修人員在進行車輛的維修。車庫裡還靜靜地停了一輛「納涼！啤酒電車」（※完全預約制），真

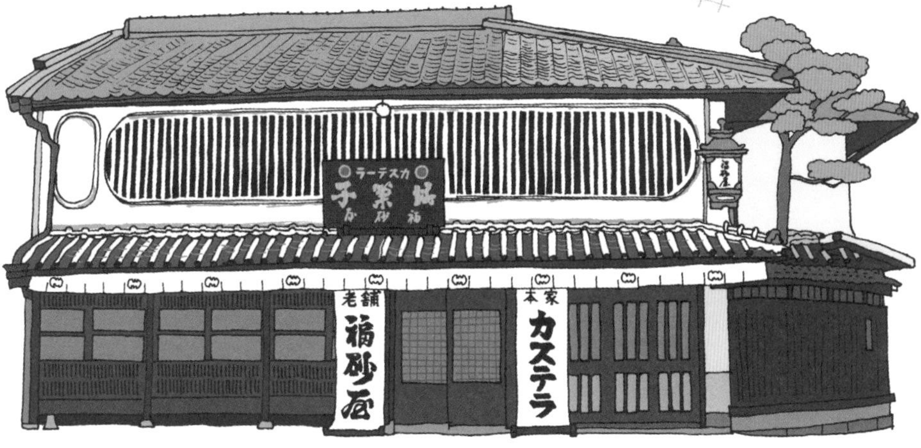

據說這家福砂屋是長崎蜂蜜蛋糕的元祖

想搭看看！

走著走著，散步也到了尾聲。和坂本龍馬有淵源的龜山社中遺址，位於寺町上方視野良好的高地上。長崎坡道和階梯很多，「長崎的老年人，是全日本腰和腿最牢靠的」，想偷個懶搭計程車的我耳裡，司機的這番話很是刺耳。坡道多，而貓也多，這是個愛貓人絕對不會放過的都市。每次看到貓，就會停下來玩一玩。

夕陽西沉，路面電車行駛的街角風景，比起白天更多了些風情，紅褐色線路的石板感覺也很棒。想想如果是現在，龍馬是否也會搭乘路面電車去找貿易商Glover呢？帶著蜂蜜蛋糕當伴手禮之類的。

好了，下一班要載我的又是怎樣的電車呢？凝視著線路彼方……。

沿線上
遇得到的
美味食物們
思案橋
咖啡廳 ツル茶ん
土耳其飯
牛奶奶昔
築町
双葉屋
水果大福
築町
江山樓
強棒麵
思案橋
長崎味
吃遍四方
桃太呂
豬肉包子

路面電車4569散步 小知識

觀賞路面電車，要吃著蜂蜜蛋糕看

散步走累了，就到公會堂前電車站旁『松翁軒』2樓的茶室小憩片刻。後方的靠窗座位，可以品嘗蜂蜜蛋糕和咖啡同時觀賞路面電車。由這個角度看路面電車，就像是玩具般地可愛。公會堂前電車站有二座月台，3條路線的電車經過此站。思考接下來要去哪裡時，這也是個值得利用的空間。

岡山電気軌道

岡山

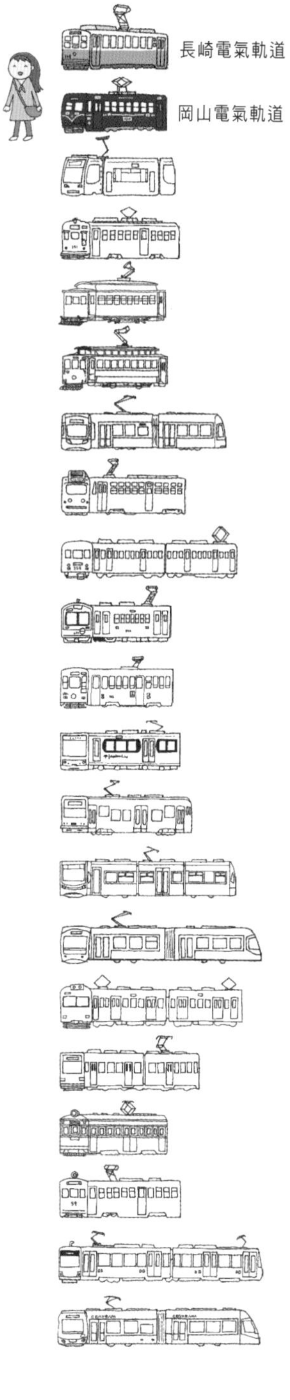

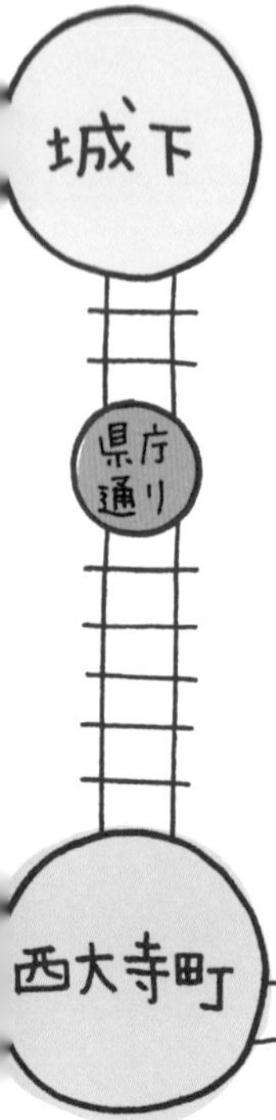

城下電車站下車。旭川的河面像是鏡子一般，倒映著天空和岡山後樂園的綠。

岡山後樂園旁的通學路，奢侈！真是令人羨慕。

停放在車庫裡的東武日光軌道線塗色電車。古老的配色太美了。

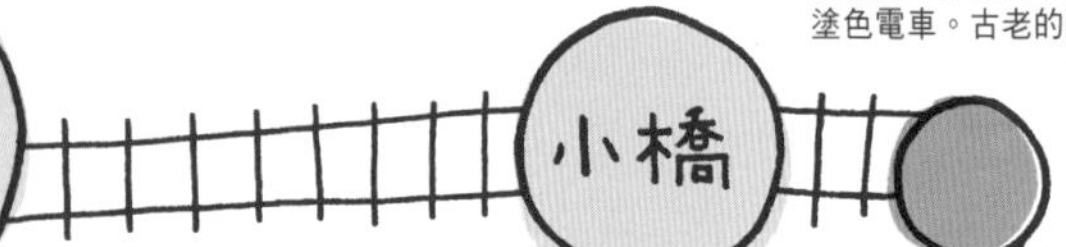

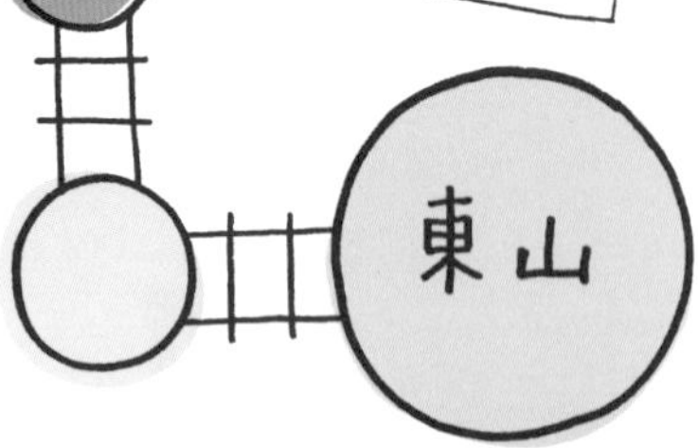

京橋的火災見櫓（望樓）

我去見了公共的交通RACDA～思考路面電車與都市未來的會～的岡將男先生。鐵道咖啡廳『停車場』的鐵道模型就是岡先生的傑作！（採訪當時。現在已停止展示模型）

KURO

MOMO

駛離東山電車站的「MOMO」。暱稱的來源是桃太郎與岡山名產的水蜜桃。

「小玉電車」和「KURO」擦身而過的珍貴鏡頭。

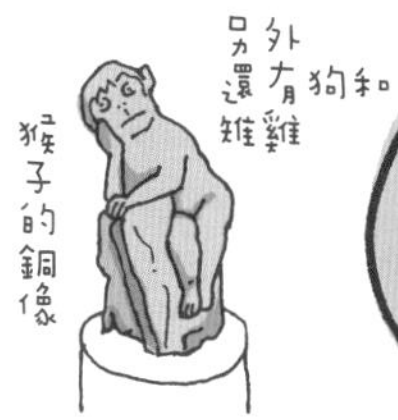
另外還有狗和雉雞
猴子的銅像

岡山
駅前
西川
緑道公園
柳川

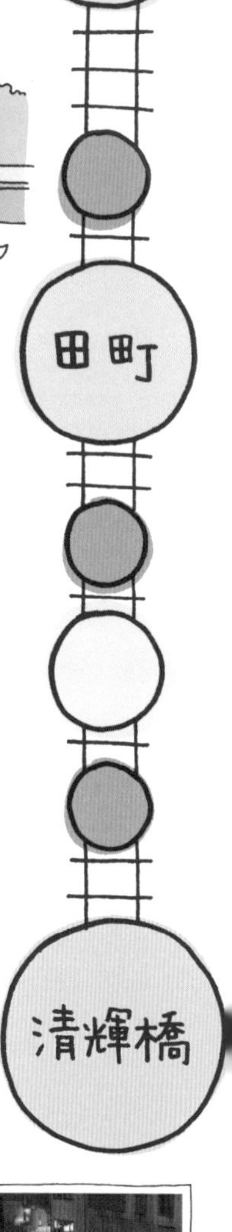
田町
清輝橋

西川旁長達2.4公里的綠道公園。
據說每個季節都能賞花，而且還看得到螢火蟲。

鬼

TAMA
たま

車身上塗繪了和歌山電鐵的「貓站長小玉」的可愛「小玉電車」。
（採訪當時的樣式，現在已換新設計）

桃太郎與夥伴們

人孔蓋上也有桃太郎。

夜晚主要載運下班的人們。
攝於清輝橋電車站。

全黑車身的「KURO」與貓咪滿載的「小玉電車」

「回到了久違的故鄉，真覺得是太好的地方了。美麗的河川和洋溢的綠意……」出身岡山的朋友娓娓說道。行駛在這美麗城市的路面電車，據說是全日本營業距離最短的。抱著滿心的期望，出發去岡山。

「原來如此，果真是小而美」，在岡山站前電車站看著路線圖時，可愛的廣告電車進站了。司機員熟練地將後視鏡位置調整了一下，就到另一頭的駕駛座，將電車開往來時的方向。

拿著時刻表等候著想要搭乘的「KURO」時，有厚實感的黑色電車進站了。進到了車內，瞬間被木料的溫馨感包覆，配色素雅的吊環和遮陽簾在在令人讚賞。

下一班想搭乘的是「小玉電車」。一上了車就嚇一跳，車內到處都是以〝貓站長〞聞名的

城下
禁酒會館
日本國家級登錄文化財的建築物。
禁酒會館
聖書
BOOKS

城下
夢二鄉土美術館

天花板上都有小玉！

「小玉站長」圖片。連窗簾和車內的廣告都是！我一個人興奮莫名，到車內四處去拍了照，而當地的客人卻冷靜地坐在有著貓斑花色的座位上，這個對比也很有趣。

想要小憩片刻，便前往城下電車站附近、岡山禁酒會館內的咖啡廳。一直開著的大門前，可以窺見些許駛過的路面電車身影。就像是我現在喝著的咖啡般，每天的生活都有路面電車溶入，令人羨慕。

夜晚的路面電車裡，像是剛在聚會裡暢飲完要回家的大叔，看似心情不錯地閉著眼睛。打烊的咖啡廳裡，傳來了烘焙咖啡豆的香氣。這是個奇特的城市，會讓人錯覺自己不在觀光，而是成為了居民。

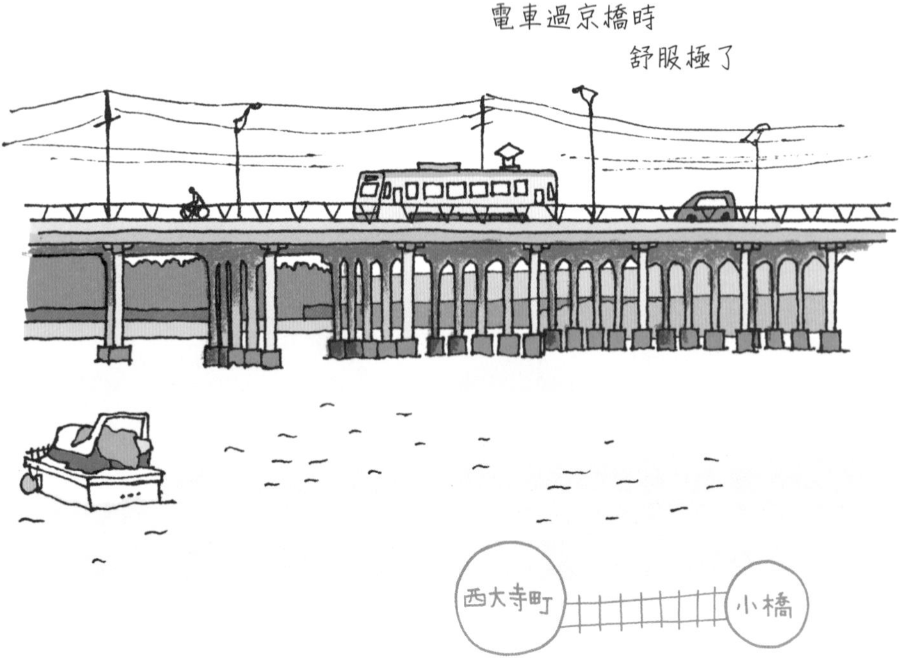
電車過京橋時
舒服極了
西大寺町
小橋

路面電車上看到的城市，有著路面電車的風景

第二天早上，發現了沐浴在晨光中行駛的「MOMO」！昨天這輛車沒有上線運行，因此喜悅之情更甚平時。寬闊而明亮的車內，放置著朝向各個方向的木製座椅。具有開放感的大窗子，尤其在電車過京橋時，看得到左右的河水，更是心情舒暢。岡山電氣軌道的山木慶子小姐說道，「京橋也是司機員們最喜歡的通過地點呢。」

「坐在『MOMO』裡面，街區都和平常看到的不一樣了」，山木小姐說道。

這是一輛環保，而且是無障礙空間

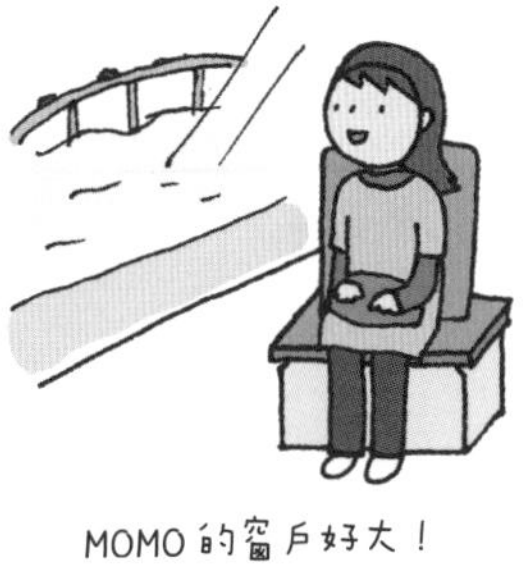
MOMO的窗戶好大！

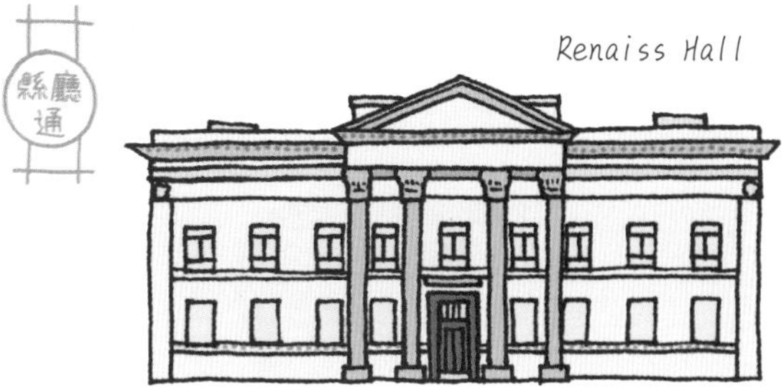

的100%超低底盤式的路面電車。而這「MOMO」正式啟用前，據說也經歷了很長一段路。「MOMO」募款活動的中心、通RACDA～思考路面電車與都市未來的會～的岡將男先生，告訴我有很多事情可以向路面電車學習。

因為，路面電車不只是很環保，也是會讓人們更溫和的交通工具。

京橋的河邊，人們開始準備晨市。可以在車上飲酒的包租〝飲酒電車〞正行駛在橋上；黃昏時，電車和穿著制服騎腳踏車要回家的高中生錯身而過。對於這些理所當然般流動著的城市恩澤，他們或許要在很久之後才會有感謝之心。岡山這城市，明天一定也會是美好的。

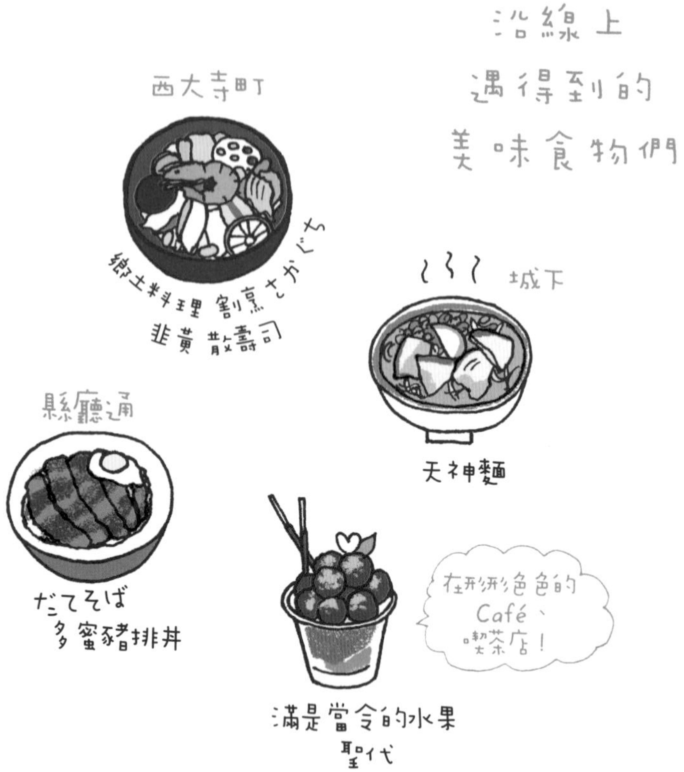
沿線上
遇得到的
美味食物們
西大寺町
鄉土料理 割烹ちかぐら
韭黃 散壽司
城下
天神麵
縣廳通
だてそば
多蜜豬排丼
在形形色色的
Café、
喫茶店！
滿是當令的水果
聖代

路面電車4569散步 小知識

「MOMO」「KURO」，
再加上「小玉電車」。種類多極了。

偶然地坐上了想搭乘的電車會有賺到了的感覺，但要注意不要落空了。到岡山電氣軌道的官網等處，事前確認「MOMO」「KURO」「小玉電車」的營運時間，擬定計劃時就可以輕鬆許多。岡山電氣軌道還有多種活動電車，聽說「MOMO」車內之所以有許多的柗子，就是舉辦可以在車內品嘗葡萄酒的〝葡萄酒電車〞活動時，用來放置酒杯用的。

鹿児島市交通局

鹿兒島

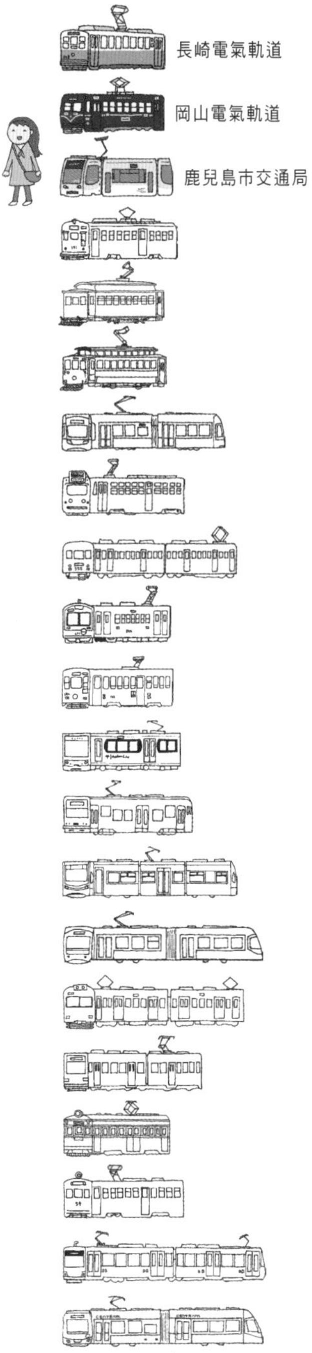

過午時分，草坪更顯美麗。鹿兒島中央站前電車站有許多由JR來的轉乘人潮。

在居酒屋『田伝夢詩』裡，隔壁桌的爽朗3人組是高爾夫的同好。

篤姫

西郷隆盛

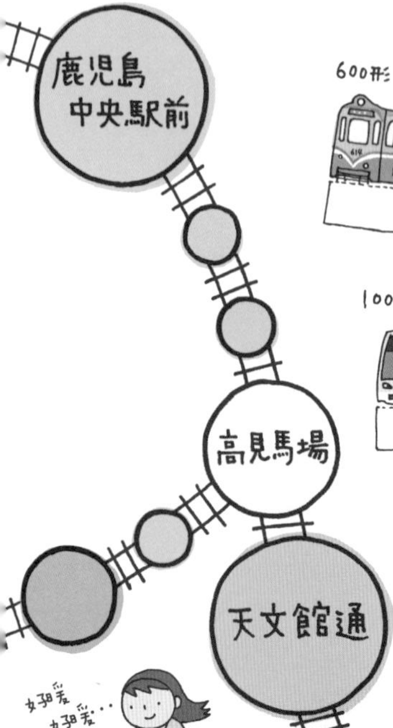
鹿児島
中央駅前
高見馬場
天文館通

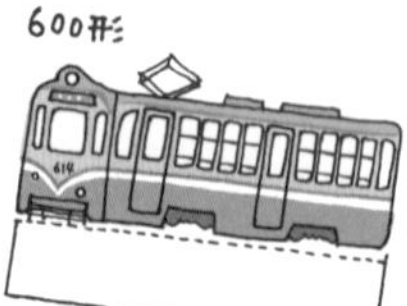
600形

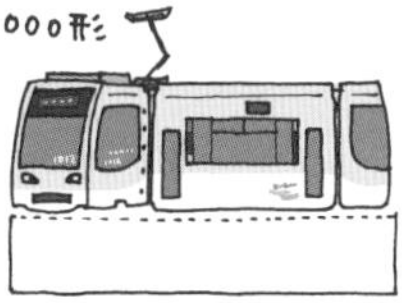
1000形

石燈籠

いづろ通
Izuro dori

天文館周邊有許多商店，熱鬧非凡。車內也在這站一帶乘客最多。

好暖
好暖…
Dolphin Port
足湯

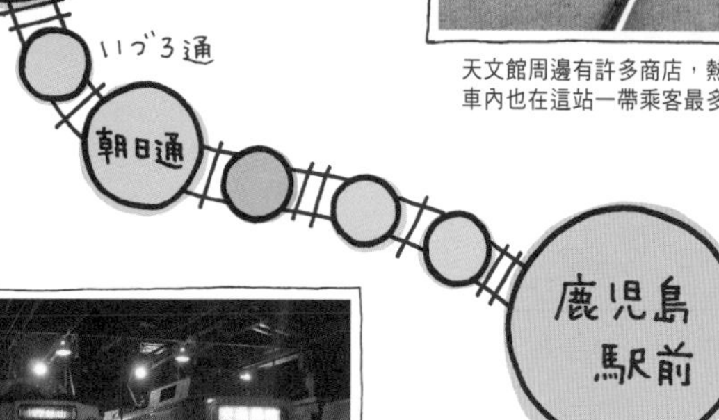
いづろ通
朝日通
鹿児島
駅前

夜晚的鹿兒島站前電車站。既有著急於返家的人們，也有正要出發去天文館一帶喝一攤的人。

7000形電車總長度達18公尺。搭乘感覺是悠閒，對大家都方便的無障礙車輛。

7000形電車的駕駛席又寬又大，擋風玻璃也大視野極佳。

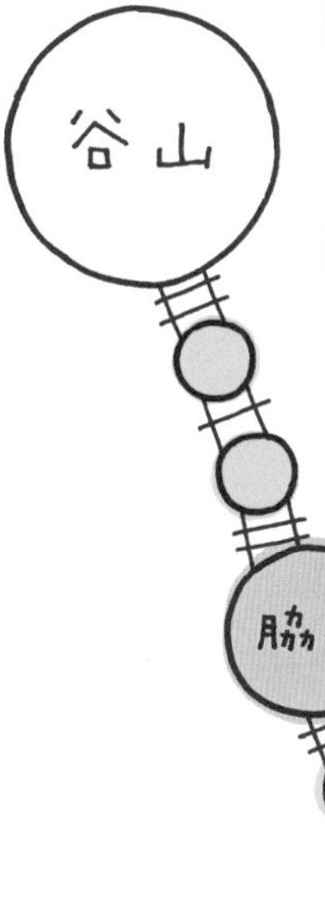

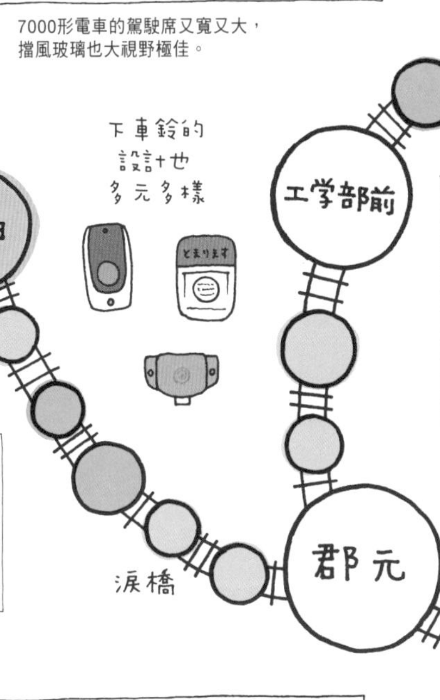

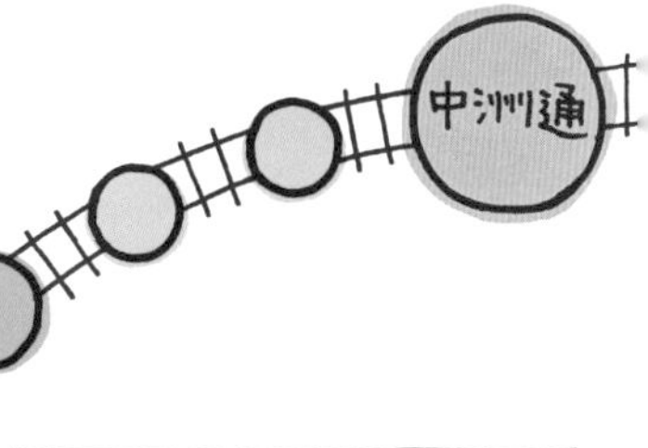

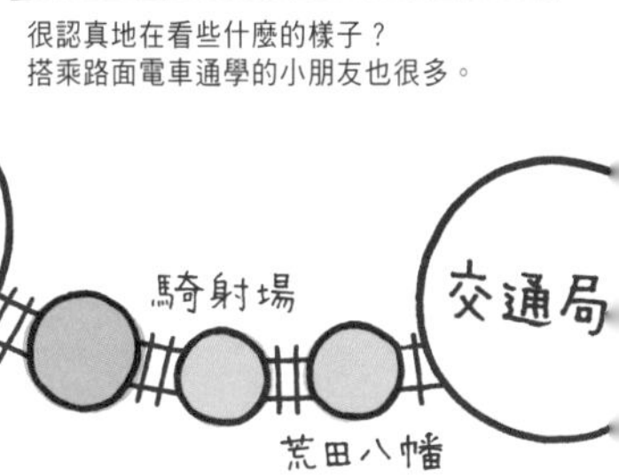

很認真地在看些什麼的樣子？搭乘路面電車通學的小朋友也很多。

櫻島的火山灰棄灰場！真是深具當地特色，對吧。

郡元電車站是轉乘站。乘車月台有4個，注意別弄錯了。

眼觀櫻島，悠閒地在Dolphin Port的足湯泡腳小憩。使用的是鹿兒島市內公眾浴場的溫泉水。

老字號的山形屋百貨公司前
市電的車內
購物客也多
いづろ通
朝日通
BERG
山形屋

綠油油的鬆軟草皮光輝奪目

從機場搭乘巴士穿過大自然中，進入了鹿兒島市內。不久後映入眼簾的是，鋪在道路正中央、顏色鮮豔的草皮。心裡不由得「哇喔～」一聲。因為久久以前來時，軌道邊的綠化工程還沒開始的關係。眼前的電車站裡，連結式的超低底盤電車「7000形ユートラムII」駛了進來。也沒看清楚是開往哪裡的，就慌忙地鑽進車內，坐在最後一排看著窗外。看到的是，逐漸遠離的鬧區，以及陽光下眩目光輝的草皮，簡直像是黃綠色的長毛地毯一樣。上車不過短暫的時間裡，心情已經是快意的了。

電車一到終點的鹿兒島站前電車站就陷入了人海之中，快快搭上了往郡元的電車。和剛才不同的小小電車，到了天文館通電車站就客滿了。過了一會，人少了些後再來觀賞窗外景色。除了淚橋電車站～谷山電車站區間，所有

有著美麗的櫻島視野
高速船旅客大樓一帶

的軌道綠化工程都在２０１２年度完成，據說這個綠化也博得了乘客的佳評。

「除了景觀變好了之外，緩和噪音和熱島現象的部分，也都收到了效果。而且震動又少坐起來也舒服呀」，鹿兒島市交通局的職員這麼告訴了我。嗯，看來成效是比一石二鳥還多了。

交通局的占地內有一棟格外顯眼的建築，那是大正時代興築的武之橋變電所。外觀是古老的建築，內部則都是現代的機器。電力公司供應的電力，在這裡轉換，再經由架在電車上方的架空電車線，送到各電車上。讓電車行駛的幫手，完全看不出來居然在這裡。

涙橋電車站到谷山電車站之間是專用軌道，也有和JR電車並行的區間。遠方山巒疊翠，周遭又回到了會讓人忘卻天文館周邊喧囂的風景，一次乘車可以看到二種風景。出了谷山電車站行走片刻，突然傳來了薩摩炸魚餅的香

鹿兒島市中央公民館

谷山電車站

氣，聽說當地人稱這薩摩炸魚餅是「つけあげ」。買了現炸的魚餅，不管丟不丟臉就垷吃了起來。每次旅途中知道的地方獨特風俗和常識，真是有趣極了。

鹿兒島市交通局
自然不做作的溫柔

車門旁的愛心傘

第二天，天色還未全亮的清晨，聽到了路面電車行駛的聲音。從飯店房間的窗戶下望，發現路面電車已經上班開工了。突然，想到了變電所的電表指針，不知道有沒有休息的時間……。

市內的公共浴室幾乎都是溫泉！
路面電車散步途中去泡泡也很不錯

荒田八幡

竹迫溫泉

※插圖是2010年採訪時的外觀，
現在已經過改裝。

電車站的電子標示機，除了出現電車的終點站之外，還有無障礙的一環，會告知「下一班電車是低底盤電車」。車內常備的「かえるの傘」（愛心傘），在突然下雨時很是方便。運作的系統是，車上借來的傘可以在任何一輛車上歸還。這二者都感到了鹿兒島市交通局自然而不做作的溫柔。

市內有許多歷史悠久的近代建築，包含了鹿兒島縣立博物館考古學資料館、縣政紀念館等，走過去就會停下來，按下相機的快門。我最喜歡的作家向田邦子女士，曾在國小時待過鹿兒島2年。她的隨筆裡經常會出現的這塊土地，一直吸引著我。於是像是追尋著她的幼年期一般，我踏遍了照國神社和她的舊家。城山山麓一帶住宅很多，很安靜。青空搭配綠色山巒的對比極美，暖暖的陽光照著大地。軌道的草皮看來也生氣勃勃，坐在路面電車上，甚至出現了郊遊般的心情。

沿線上遇得到的美味食物們
鹿兒島中央站前
田伝夢詩内
燒酎村尾
薩摩炸魚餅
生丁香魚
南海堂 GETANHA
山形屋·鹿兒島機場等地都能買到
每家店的味道不同！
豚骨拉麵
天文館通
白熊
天文館むじゃき
現炸現吃美味極了
谷山
谷山的薩摩炸魚餅
思案橋
明石屋
輕羹

路面電車4569散步 小知識

「割草電車」和「灑水電車」守護著大家的草皮。

2010年時，世界第一輛的「割草電車」，隨後的「灑水電車」成軍。這類車輛齊聚的鹿兒島市交通局的市電車庫，只要向電車事業課預約就可以前往參觀。營運輛數較少的中午時段，會有較多的車輛停在車庫。附設的市電資料館裡，有不少諸如控制器的剖面和行先板，以及過往的老照片等。2015年春季，交通局搬遷後修復的武之橋變電所也值得一賞。

広島電鉄

廣島

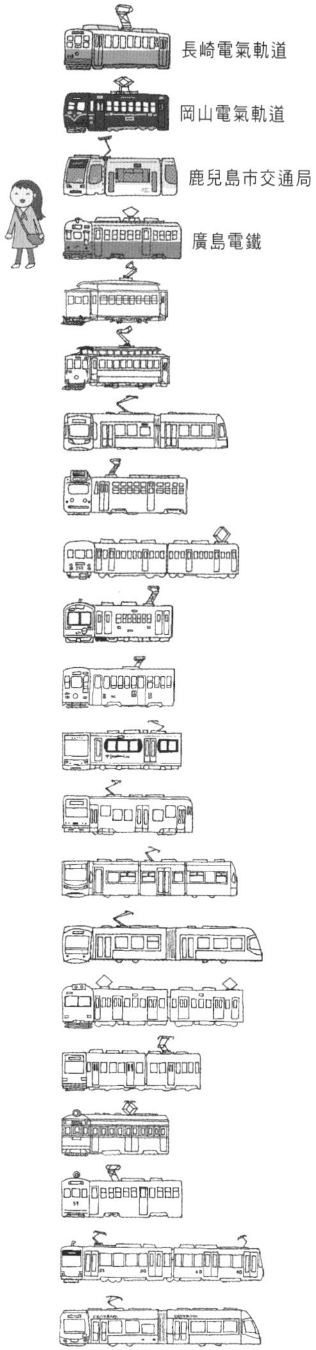

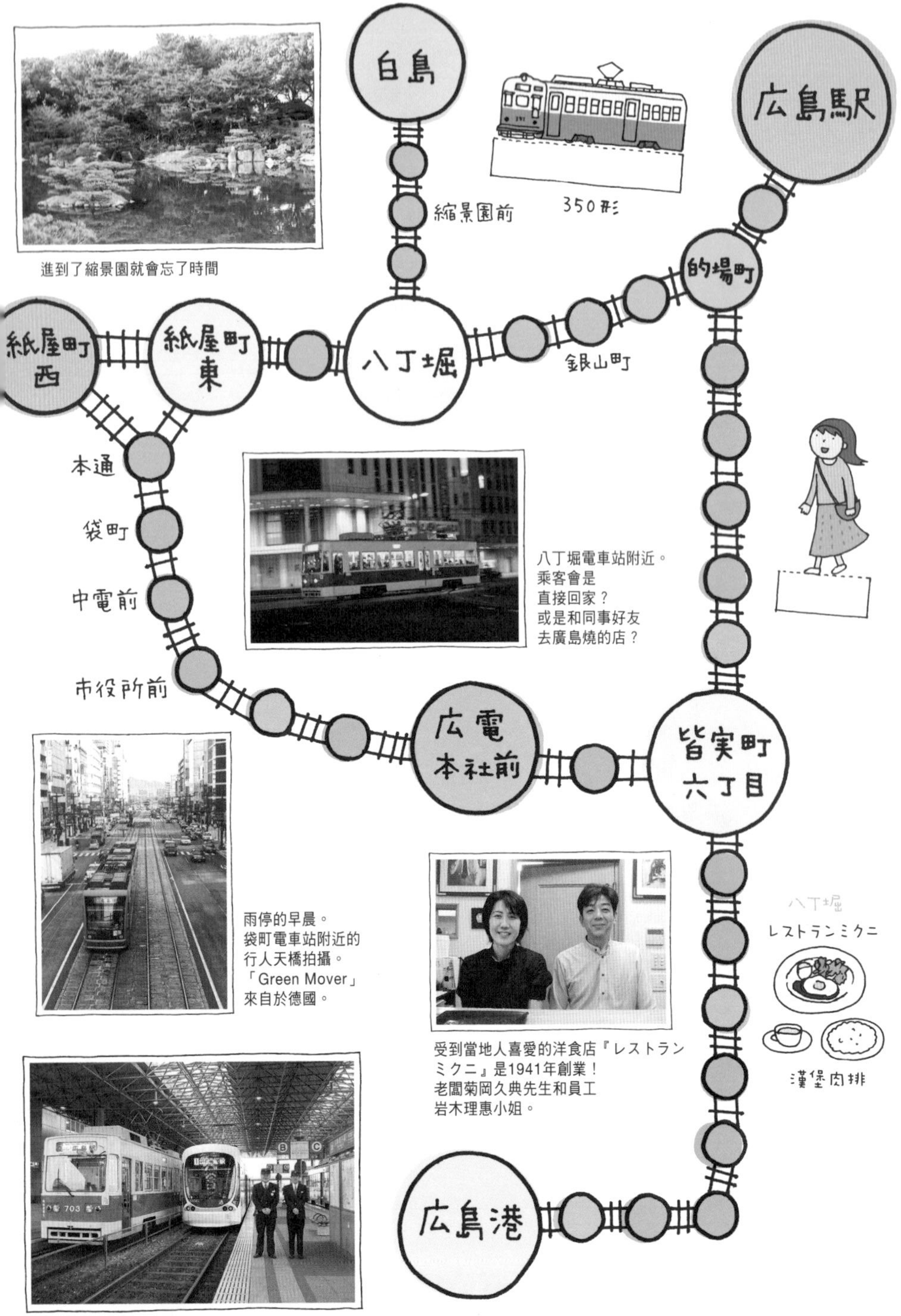
白島
縮景園前
350形
広島駅
的場町
銀山町
八丁堀
紙屋町西
紙屋町東
本通
袋町
中電前
市役所前
広電本社前
皆実町六丁目
広島港
八丁堀
レストランミクニ
漢堡肉排

進到了縮景園就會忘了時間

八丁堀電車站附近。
乘客會是
直接回家？
或是和同事好友
去廣島燒的店？

雨停的早晨。
袋町電車站附近的
行人天橋拍攝。
「Green Mover」
來自於德國。

受到當地人喜愛的洋食店『レストランミクニ』是1941年創業！
老闆菊岡久典先生和員工
岩木理惠小姐。

廣島港電車站有不少帶著大大旅行箱的旅人。屋頂高而舒適。對著笑臉迎人的車掌來上一張。

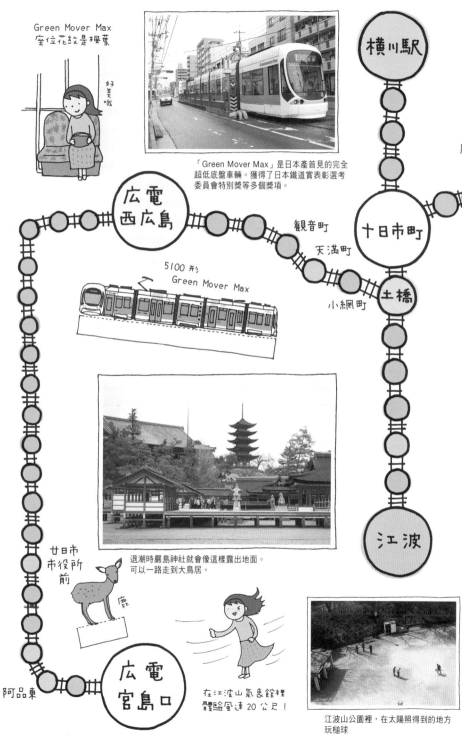

「Green Mover Max」是日本產首見的完全超低底盤車輛。獲得了日本鐵道賞表彰選考委員會特別獎等多個獎項。

横川駅

十日市町

土橋

江波

広電
西広島

観音町

天満町

小網町

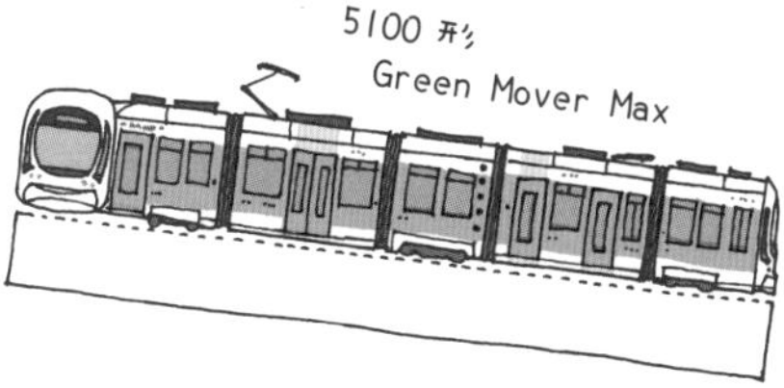

退潮時嚴島神社就會像這樣露出地面。可以一路走到大鳥居。

廿日市
市役所
前

在江波山氣象館裡
體驗風速 20 公尺！

阿品東

広電
宮島口

江波山公園裡，在太陽照得到的地方玩槌球

阿品東站前的海裡有牡蠣養殖場
中午吃的牡蠣會是這裡的嗎？

⊡ 數量之多令人咋舌之下
造訪富有個性的電車站

先看看路線圖，就被營運區間和電車站的數量嚇了一跳。還有，廣島電鐵在車輛數方面也高居日本第一；乘客數量上也是日本第一！心想，這一定是值得搭乘的路面電車而期待萬分。

由廣島站開始搭車，沿著大馬路正中間向前行。擁擠的車箱外面，私家車、巴士、計程車等為數不少，人行道上形形色色的行人交織。到處都有高大的樓房和商店，市內充滿了蓬勃的生氣。在中電前電車站下車，到元安川上的牡蠣船上享用牡蠣料理。

在廣島和平紀念公園走著走著，眼前出現了原子彈爆炸圓頂屋，來到了廣島的感覺終於一下子湧了出來。「參觀完原子彈爆炸圓頂屋後，有不少人會去宮島。觀賞窗外風景正是路面電

嚴島神社的東迴廊看到
立在海上的大鳥居美極了

車才有的享受」，就像是廣島電鐵株式會社的水野一穗小姐的這番說明，這是欣賞廣島特色的最適合路線。熱鬧的大道、住宅區、過橋時看到的閃耀河流。軌道線到廣電西廣島電車站為止，再過去直到終點的廣電宮島口站之間都是鐵路線。慢慢地出現了離開中心區喧鬧的感覺。悠閒地晃呀晃地⋯⋯，突然窗外出現了水平線，視線就此離不開了。第一次看到的牡蠣養殖風景，非常新鮮。

廣電宮島口站到旁邊的宮島口碼頭上船，前往嚴島神社所在的宮島。由電車轉乘上船，光是想都覺得有趣。

由緊鄰廣島港（宇品）電車站的廣島港宇品旅客大樓，可以轉乘前往江田島和愛媛的松山線等的高速船和渡輪。廿日市市役所前（平良）站，電車和巴士可以在同一座月台上轉乘，連接著路線前端廣闊的道路世界。電車站數量一多，具有特色的電車站就更顯眼。観音町電車站和天滿町電車站，則是只有「上下車安全島」而沒有頂的小小車站。小網町電車站，則人們都在路邊等車，電車一來就向前走到地上寫有上下車處的地方去，這必須一觀。

第二天早上陰冷的天空下著陰冷的雨。
「原來廣島也會下雨的」

說到廣島，腦中就會浮現出每年8月6日早上，電視會轉播的和平紀念典禮的影像。蟬聲響亮、藍天白雲讓人印象深刻。街角上不經意地出現在眼裡的原子彈爆炸史蹟，就能感受到這是個被原子彈炸過的城市。原子彈爆炸的3天之後，令人驚訝的是路面電車已斐（現広電西広島）～天滿町之間已經修復。電車的堅強形象，想必給了受傷的人們很大的希望。當時被污染的650形2輛，現在仍在線上繼續行駛。

世界和平紀念聖堂

原子彈爆炸圓頂屋

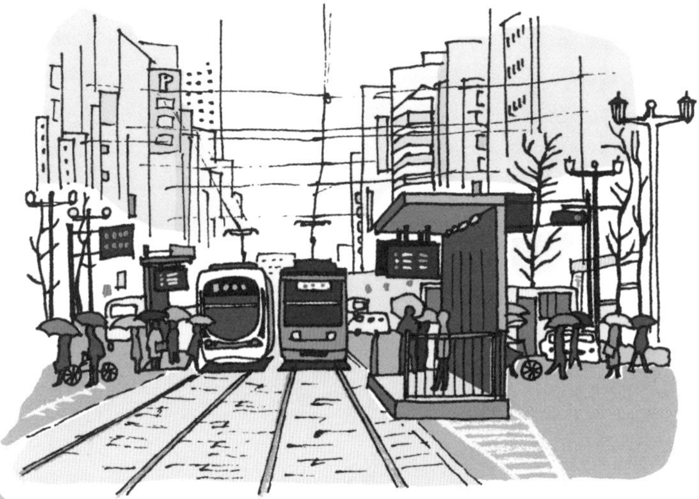

早上的市役所前電車站附近
下雨天時路面電車更是生意興隆

接下來要讓路面電車帶我去哪裡呢

為了吃一頓早餐，坐上了路面電車去『ANDERSEN HIROSHIMA』。和慢條斯理的我正好成對比，車內是上班尖峰。但沒東京那麼擠，還很舒服。

廣島電鐵電車站既多，電車的種類也多，十分愉快。「Green Mover Max」的車內，有著綠色基調的寬敞空間。由廣島港電車站上車的西裝男士，帶著旅行用的大行李箱。不知道搭著船從哪裡來的呢？還是從哪裡回來了呢？就這樣自己亂想了一通。

好了，我要去哪呢？去看看美術館好像也不錯，今天就在不同的店吃廣島燒吧。路面電車載著貪心的我，想去哪就可以載我去哪的。

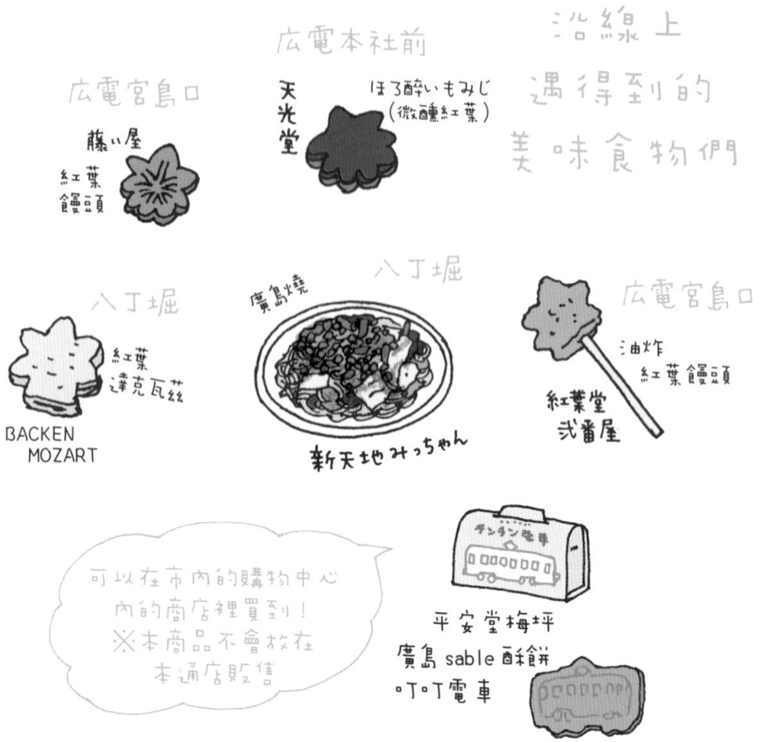
沿線上遇得到的美味食物們
広電宮島口
藤い屋
紅葉饅頭
広電本社前
天光堂
ほろ酔いもみじ（微醺紅葉）
八丁堀
紅葉達克瓦茲
BACKEN MOZART
八丁堀
廣島燒
新天地みっちゃん
広電宮島口
油炸紅葉饅頭
紅葉堂弐番屋
可以在市內的購物中心內的商店裡買到！※本商品不會放在本通店販售
平安堂梅坪
廣島 sable 酥餅
叮叮電車

路面電車4569散步 小知識

可以搭乘“廣電”的各式車輛，並在駕駛席上拍照留念的機會。

要注意的是「路面電車祭」。配合6月10日的「路面電車節」，每年都會在6月10日前後，在廣島電鐵千田車庫舉行。除了參觀車庫之外，也可以參觀司機員培訓所，和體驗模擬駕駛；另外還有路面電車的模型展示和迷你電車的乘車，還有許多攤位，聽說非常熱鬧。人氣之高，吸引了來自全日本的迷哥迷姊，大人小孩都可以快樂遊戲的活動非常多元。就配合著廣島觀光，來參加一次吧。

函館市電

北海道

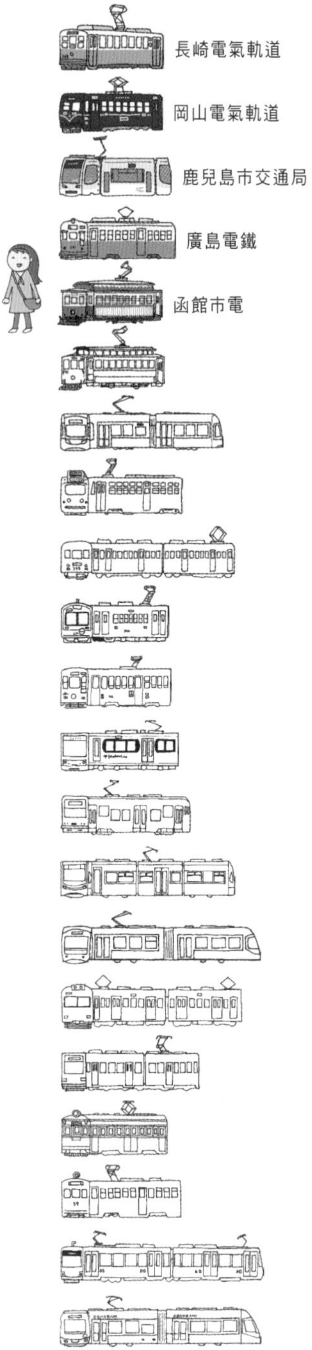
長崎電氣軌道
岡山電氣軌道
鹿兒島市交通局
廣島電鐵
函館市電

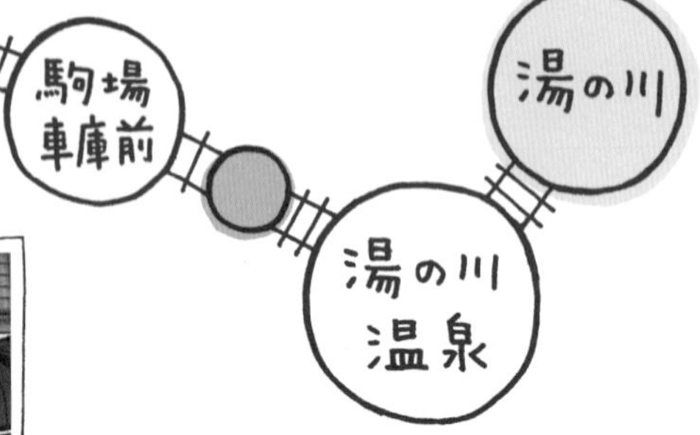

光亮而通風良好的駒場車庫。聽說函館的路面電車已經登錄成為北海道遺產！

箱館ハイカラ號在每年4月中旬～10月底營運。除了維修日之外雨天也停駛，最好在搭乘之前確認營運的時間。

箱館ハイカラ號車內拍攝。
車掌和乘客之間愉快聊天。

函館山上的瞭望，還是不能錯過的。
在轉為夜景之前先占好位置。

超低底盤的「らっくる号」是市民命的名，來源是日語「可以輕鬆（らく）上下車，來（くる）迎接」的合成語。

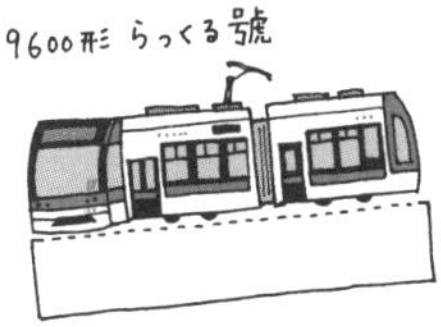

像畫一般的建築物之一，攝於末広町電車站附近的相馬株式會社前。其他的拍照景點還有很多。

晨市到了中午之前，許多店家都打烊了；函館的早上是很早的。我在這家店買了昆布。

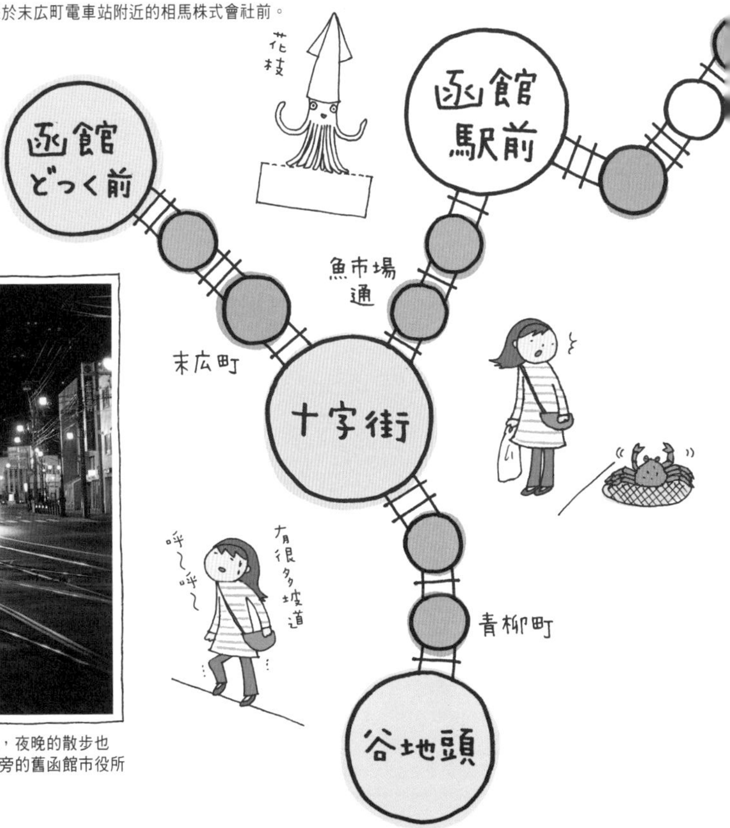

歷史性建築和教堂會打上燈光，夜晚的散步也很美。圖後方是十字街電車站旁的舊函館市役所末広町分廳舍。

紅磚倉庫裡有許多店家！
光是逛逛都很有趣。

路面電車駛來的聲音，距離很遠時就聽得到

乾乾的空氣清爽而宜人，像是幾年前造訪北歐時的氣候一般；在魚市場通電車站仰望著天空。是不是因為空氣乾淨，所以路面電車駛來的聲音，覺得電車還在遠處就聽得到了。

快快地前往活力洋溢的晨市。海產品每一樣都便宜到令人驚訝，趕快出手買了大量的昆布。「用你那種昆布提的高湯，這種魚就會很美味哦～」，魚販出聲向我叫賣，不禁盯著螃蟹豪邁地爬來爬去的水槽。函館港裡停放著用來作為紀念館的青函連絡船摩周丸和其他眾多的小船，海鷗在港區飛著。怎一幅「函館」的景色呀！

函館的路面電車，始於大正2年（1913年）取代馬車鐵道行駛時，當時是不是有優雅的感覺？馬車鐵道能有多快的速度呢？東想西

駒場車庫裡等著出車的電車們

想之下，電車就駛到了終點站湯の川電車站。這一帶是湯川溫泉，聞名全日本。湯の川電車站附近發現了足湯，所在位置是停車中的電車裡可以看得一清二楚的地方，雖然有點不好意思，但卻贏不過泡腳的舒服感。看著來來往往的路面電車，暖暖地小憩片刻。

相較於我的悠閒，駒場車庫的車輛維修工廠裡，維修人員正勤奮地維修著電車。因為他們的努力，我們才能放心地搭乘路面電車，感謝感謝。

「我覺得，路面電車和有著許多有味道建築的函館市街相輔相成」

說這話的，是函館市企業局交通部的寺井孝博先生。一聽到這句話就不由得用力地點了頭，因為真的有很多可以成為圖畫的建築。

箱館ハイカラ號完全溶入了這麼有味道的函館市街。紅與白的配色，大量使用木料的車內，連吊環和燈具都極盡講究能事。一上了

末広町
重要文化財
函館東正教會

車，車掌就一一詢問乘客要到哪裡，有要下車的人時，車掌就會叮叮地拉動信鈴通知司機員。車內有些觀光客是先查好時間再搭乘的，也有偶然遇見的乘客吃驚地說「真的可以上車嗎？」在木框窗外流逝的景色，感覺上又與別的電車看到的不一樣了。

ハイカラ號的
木框車窗太美了

3 電車會經過八幡坂下

教會和西式建築林立的高地，洋溢著異國情趣的元町地區，完全就是「復古」「西洋」等詞彙的表徵。而青柳町電車站到函館どっく前電車站之間坡道非常多，魚見坂、日和坂、あさり坂……，每個地名都有緣由很是有趣。走

末広町

八幡坂俯瞰函館港
正好有路面電車經過該有多好。

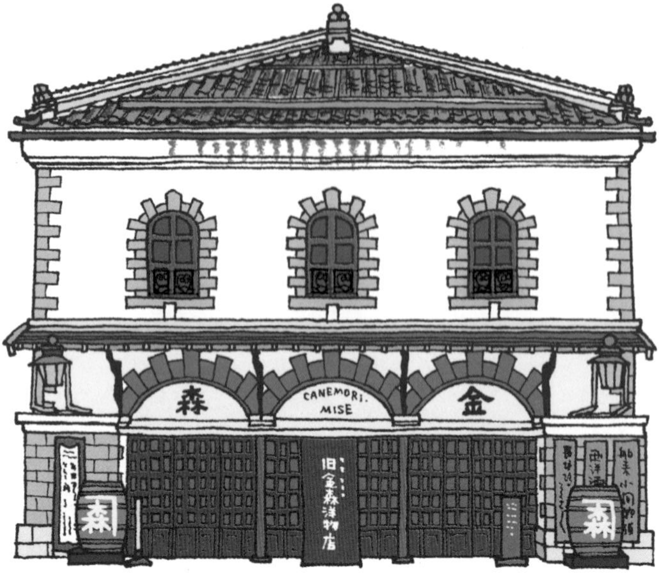

末広町

舊金森洋物店
市立函館博物館鄉土資料館

上八幡坂途中回頭一看，讓疲勞一掃而空的雄偉景色出現眼前；這時，如果坡道下方的軌道上有路面電車通過，就是張完美的畫作了。我在北海道鐵道博物館（現在未開放）裡，知道了過去函館市電的營業範圍比現在還廣。廢線區間裡，一定也有這種讓人傾倒的絕景區間。

舊函館區公會堂建於明治時代，位於可以俯瞰函館港的高地上，外觀簡直就像是宮殿，進去裡面覺得自己是公主。穿著出租禮服的3位女性，快樂地在拍攝紀念照。

走在街上，好幾次都感覺自己「就像是身在電影裡面」，因為函館市街是經常出現在電影裡的。想想就算人家說我自戀又何妨，放開了。好，我決定要在這種氣氛下，再搭乘一次箱館ハイカラ號。

沿線上
遇得到的
美味食物們
五稜郭公園前
あじさい　鹽味拉麵
函館駅前
藍孔昆布餅乾
PASTRY
SNAFFLE'S
在函館市企業局交通部
駒場車庫等地販售
箱館ハイカラ號
sable 酥餅
十字街
はこだて海鮮市場本店
等地可以買到
いか一番
いなみ食品工業
株式会社
花枝魚板

□路面電車4569散步 小知識□

接觸難得見到車輛的機會，切勿錯過了！

路面電車感謝祭，每年都會在駒場車庫舉行。可以近距離接觸到除雪電車「サラサ電車」、花電車、除雪用軌陸車等車輛。還有可以親子同遊的攤位。

函館市企業局交通部的原創商品，我推薦金屬壓鑄的回力車「らっくる号」，連細部都非常講究，讓人感動。「箱館ハイカラ號」版本也值得購買。駒場車庫前電車站下車，即可到達駒場車庫。

荒川車庫前
長谷駅
TOYAMA LIGHT RAIL PORTRAM SINCE 2006
PORTRAM
都電おもいで広場
Toden-omoidehiroba
豊橋鉄道市内線
T1000形
4569散步
收集的紀念
戳章①
まつやま観光記念
松山市
MATSUYAMA SIGHTSEEING MEMORIAL
石山寺駅
TOYAMA LIGHT RAIL PORTRAM SINCE 2006
PORTRAM
都電荒川線
Minowabashi
都電荒川線
早稲田
Waseda

土佐電氣鐵道

高知

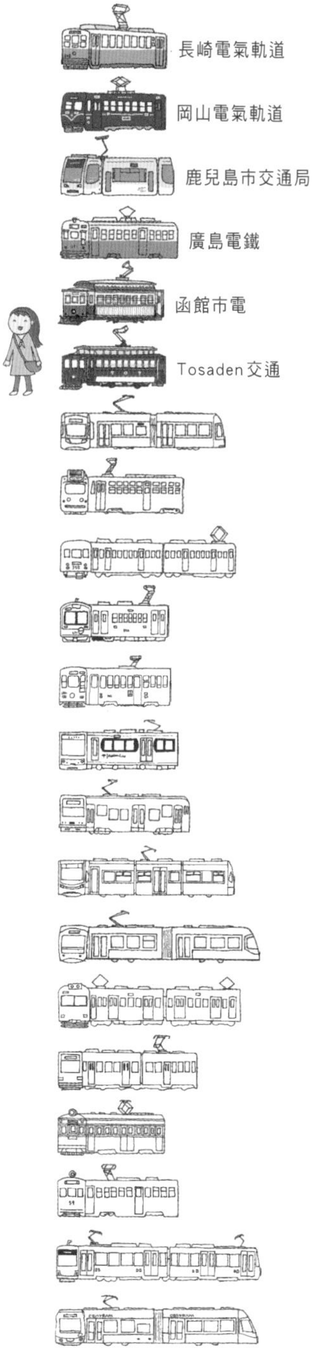
長崎電氣軌道
岡山電氣軌道
鹿兒島市交通局
廣島電鐵
函館市電
Tosaden交通

※由於電車站數量多
省略部分車站。

攝於蓮池町通電車站附近的追手筋。週日市集著名的
涼糖茶（冷やしあめ）。大人小孩都喜歡。

冰淇淋
涼糖茶

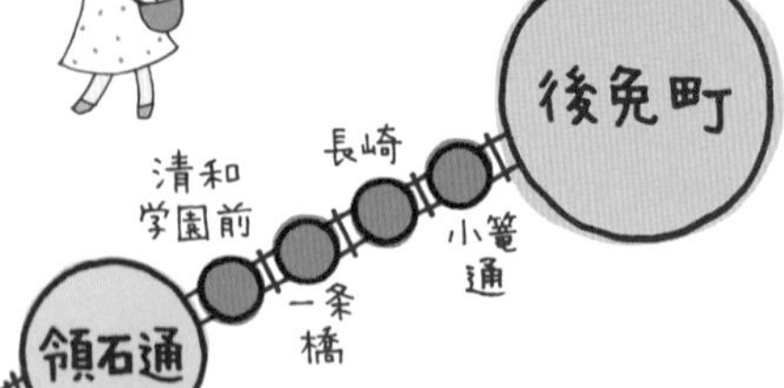
清和
学園前
長崎
後免町
一条
橋
小篭
通
領石通

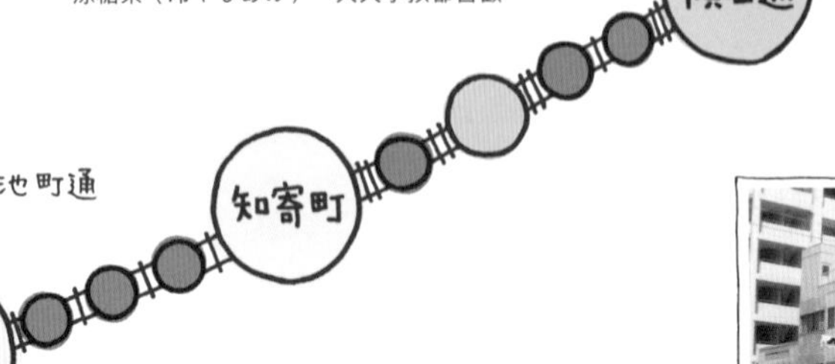
知寄町

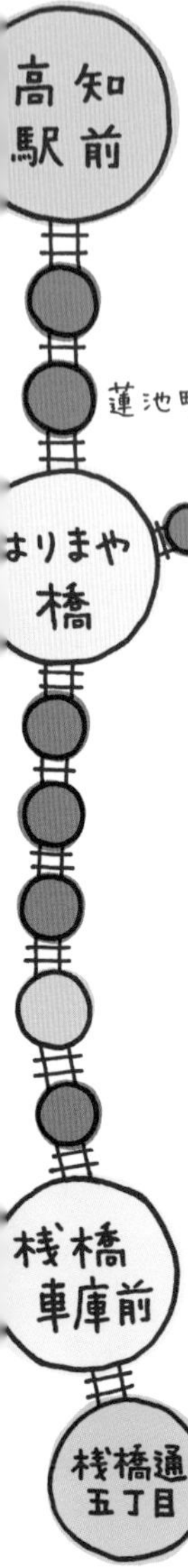
高知
駅前
蓮池町通
はりまや
橋
桟橋
車庫前
桟橋通
五丁目

維新號有著沉穩的深褐色外觀。

維新號

590形

坂本龍馬

棧橋車庫裡，排放成一排的路面電車們。
後方的維修工廠裡也有夥伴們在。

據說鐵做的車輪
也用這台機器削切來調整。

使用人工一輛一輛地
仔細地清洗過的路面電車。
看來像不像是舒服的感覺？

挪威奧斯陸電車
天花板上還有地圖！

挪威奧斯陸號
運氣好的話，也能
遇到其他外國電車。

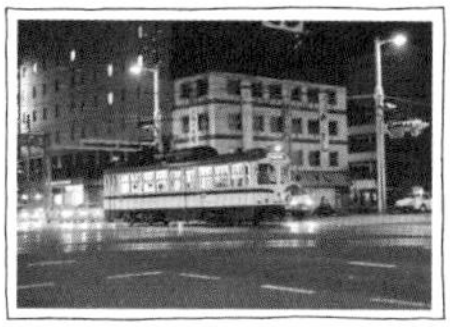

夜晚的はりまや橋交叉路口附近。
快到最後一班電車的時間了。

團隊默契十足的3個人。左起司機員東先生、
「愛高知的電車和城市之會」的
濱田先生、中岡先生。

攝於鏡川橋電車站的候車室。
在這裡觀賞來來往往的
路面電車，感覺也相當不錯。

維新號車內。
小男孩對駕駛充滿好奇。

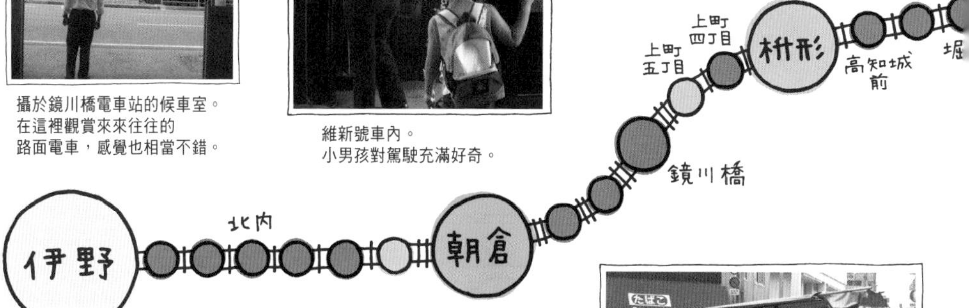

伊野
北内
朝倉
鏡川橋
上町五丁目
上町四丁目
枡形
高知城前
大橋通
堀

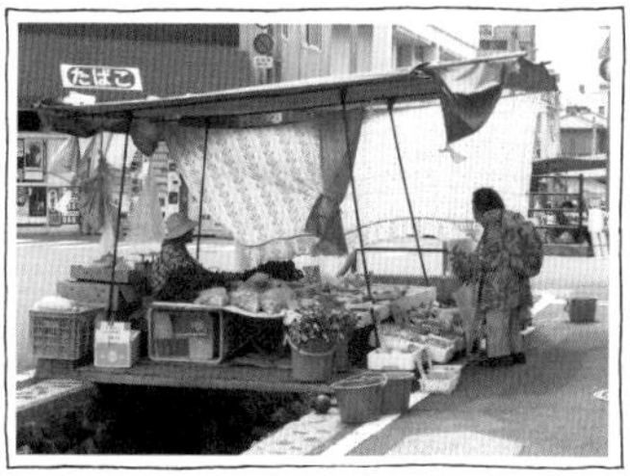

上町四～五丁目開設的週二市集，
用木板橫跨水溝之間開設攤位。
購物結束後還要聊上很久。

早上的通勤通學風光也是重點。
不輸給路面電車的自行車潮！

市内均一有効
電車一日乗車
土佐電気鉄道株式會社

散步的好地方！
也有軌道全線有效的
一日乘車券。

※此為採訪當時的車票款式。

鰹魚

土佐電鉄

Tosaden交通車庫前的自動販賣機。
造形是超低底盤的Heartram外觀。

はりまや橋的彼方
看得到路面電車
はりまや
橋

⊡日本最古老的路面電車，規模就是大

看到了路線圖，先來一句話，好長！在はりまや橋附近交叉的路線，南北有3．2公里，東西22．1公里。電車站的數量日本第一（以軌道線而言），居然有76個。市中心區到郊外，來來往往的路面電車，車輛數方面據說也是日本數一數二的。市內也有眾多的汽車和自行車行駛，商店街也很熱鬧。有點急性子的感覺，而不是想像中那種南國悠閒的氛圍。はりまや橋附近人多車也多，尤其是這件事特別容易了解。

「維新號來了！」

小男孩叫著。被孫子拉著手慌忙前行的婆婆。看著這光景微微笑著的我，一樣是在等著維新號的夥伴。慌忙地上了車，很適合穿著綠色罩衫的「愛高知

差不多
維新號要來了…

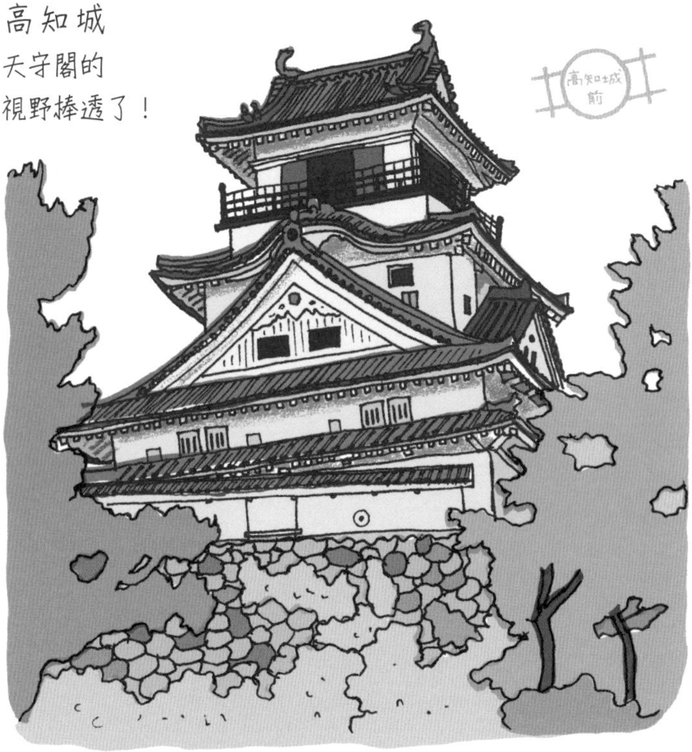
高知城
天守閣的
視野棒透了！
高知城前

的電車和城市之會」濱田先生、中岡先生來接我。

「等下右側就可以看到高知城哦」

觀賞景點和Tosaden交通的說明等，對於這麼旺盛的服務精神我也滿足極了。看著木框窗外，街上行人也對維新號投以熱切的眼光，自己都有大受歡迎的心情呢。

好，該出發去期待已久的週日市集了。這市集約有3個世紀的歷史，店的數量約有500家。在連成一排的帳篷裡，陳列著蔬菜、水果、手工壽司、植栽……多到寫不完的商品，也是當地人和觀光客可以自然交流的地方。高知市內週日、二、三、四、五等各天，都會換地方舉辦市集，著名的YOSAKOI祭和節日時，大家都會吃的鄉土美食皿鉢料理。高知的人們常會和人聚會，像是在享受每天的生活一般。我覺得，路面電車也表現出了這種氣質。

週日市集的樂趣是煩惱要買什麼

溶入高知街頭的異國路面電車

標示為「活動號」、色彩繽紛的路面電車經過我眼前，原來是「挪威奧斯陸電車」。

「現在有3個國家的電車在我們線上行駛哦」在Tosaden交通車庫裡，告訴我這些常識的，是Tosaden交通的大黑先生。車庫裡有其他造形顯眼的外國電車，都是實際上在葡萄牙、奧地利等國行駛過的路面電車們。這些外國電車的母國人，在高知看到他們日常乘坐的路面電車時，該會驚訝莫名吧？

後方的車輛維修工廠裡，有幾輛車在進行高規格的維修，就因為定期地維修全車到最細微的部分，才能夠有這麼長久的歷史。Tosaden交通是在1903年創業的。

離開車庫，前往土佐和紙發源地伊野的途中，看到了朝倉電車站前停著電車，司機員打開了駕駛席的右側窗；正在想發生了什麼事時，

滿布恬適的田園風光
長崎～小篭通電車站附近

結果是由會車的電車司機員處跨過窗子收下了路牌。路牌是為了防止撞車而設計的，換句話說就是「通行證」。平常很不容易見到，真是個珍貴的瞬間。

Tosaden交通路線長，因此景點也多。甚至有電車站之間（清和學園前電車站和一条橋電車站）只距離63公尺，彼此的月台看對方都一清二楚。另外，由はりまや橋電車站往後免町方向的途中，過了長崎電車站之後車窗外就是一片田園風光了，炯異於中心區的喧囂。窗外吹進來的自然風舒適之至。

東邊的終點「ごめん（後免，音同對不起）」，西邊的終點「い～の（伊野，音同沒關係）」，簡直像是對口相聲的對話一般。這麼說來，在去的各個地方，都有不少當地人很自然地和我對話，燦爛的笑容也令人印象深刻。下次再來吸取這些元氣吧。好了，就再去一趟週日市集吧。

沿線上遇得到的美味食物們

在「レストパークいの」(北內)等地可以買到
南国製菓
鹽味堅干
大橋通
うなぎ屋 蒸籠
鰻魚飯
堀詰
盤子都很美
座くろ 鰹魚鹽味半熟魚片
蓮池町通
文旦蛋糕
柚子費南雪
Vert Vert
用在各種不同的料理
土佐次郎

路面電車4569散步 小知識

務必搭乘一次的「外國電車」！

外國電車會在高知站前到枡形電車站之間，在每週六日、假日（夏季除外）營運。車內原封不動留著在遙遠異國營運當時的廣告，抬頭看向挪威奧斯陸電車的天花板，上面畫有來到日本之後增加的二國國旗和地圖…，仔細一看，連極光都有！

營運時程需洽Tosaden交通。

想來趟Tosaden交通散步，「1日乘車券」最好用。分為市內均一區間有效的票種，和軌道全線通用票等二個票種也很實用。

万葉線株式会社

富山

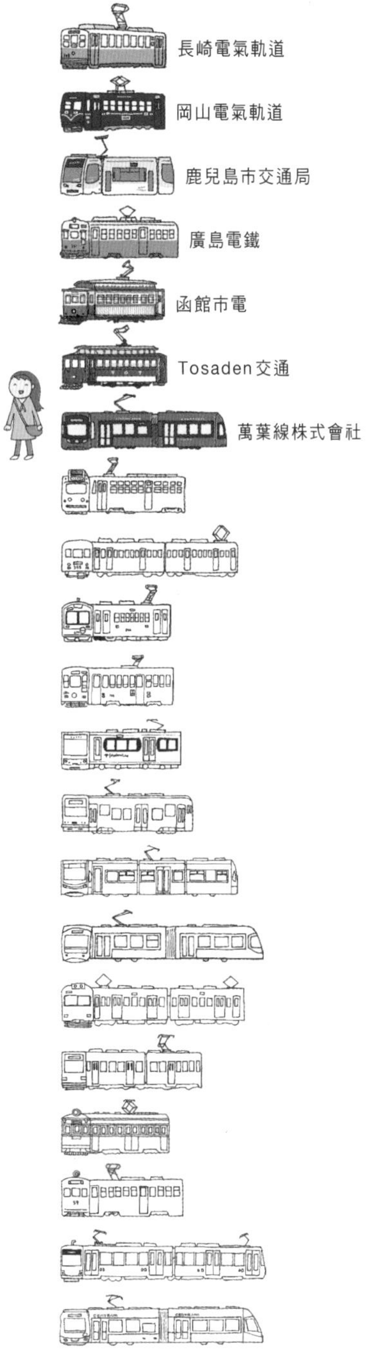
長崎電氣軌道
岡山電氣軌道
鹿兒島市交通局
廣島電鐵
函館市電
Tosaden交通
萬葉線株式會社

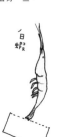

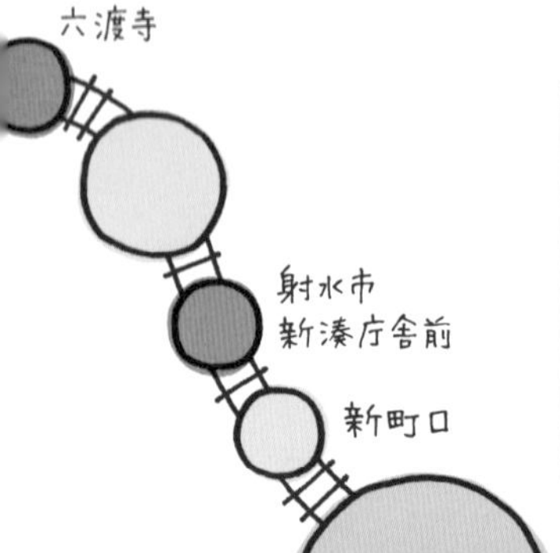
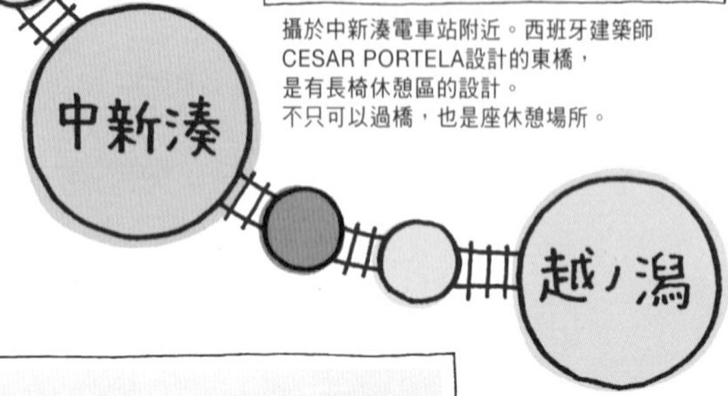
六渡寺
射水市
新湊庁舎前
新町口
中新湊
越ノ潟

攝於中新湊電車站附近。西班牙建築師
CESAR PORTELA設計的東橋，
是有長椅休憩區的設計。
不只可以過橋，也是座休憩場所。

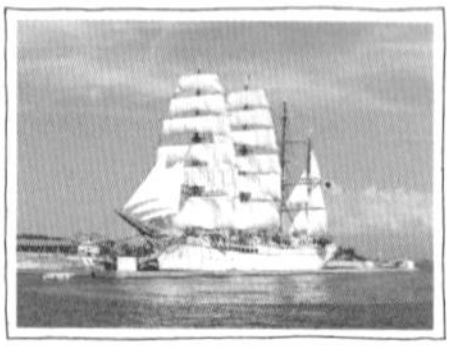

有「海上貴婦人」之稱的
海王丸帆船。船如其名，
是艘美麗的船隻。

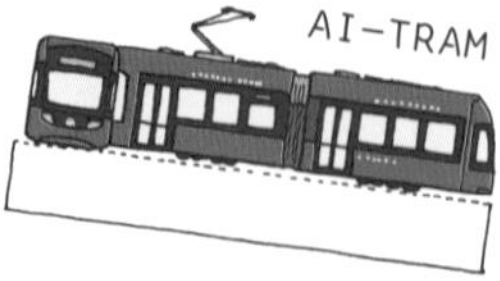
AI-TRAM

貓電車

駛過庄川橋的「AI-TRAM」。即使從遠方看，也會為了沒有
欄杆而緊張萬分。攝於六渡寺電車站附近的堤防。

越ノ前電車站前的越ノ潟碼頭，可以搭乘
縣營渡輪前往新港東口。除了人之外，
自行車和機車都可以上船。

電車經過庄川橋的途中，腳下就
看到水面！有懼高症的人或許不
要向下看會好一些。

有「日本威尼斯」之稱的新湊內川。
找到你喜歡的橋後，等到黃昏就有美景可期。
攝於新町口電車站附近。

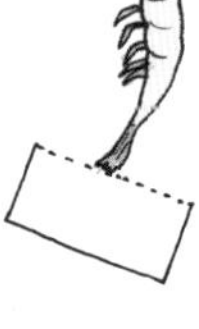
白蝦

漁民的船隻回港了。
到底捕到了什麼？

曾在車庫負責清掃AI-TRAM的前原つぎ女士。

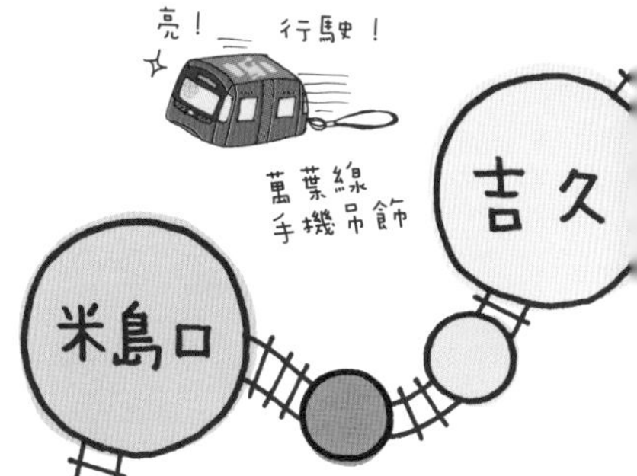

亮！
行駛！
萬葉線
手機吊飾
吉久
米島口

「貓電車」的正面表情，前後是不一樣的。
打著領帶的公貓，結著緞帶的雌貓。
好了，來的會是哪一面呢？

江尻

仔細地檢視著路線圖的爺爺和孫子。
要去哪裡呢？

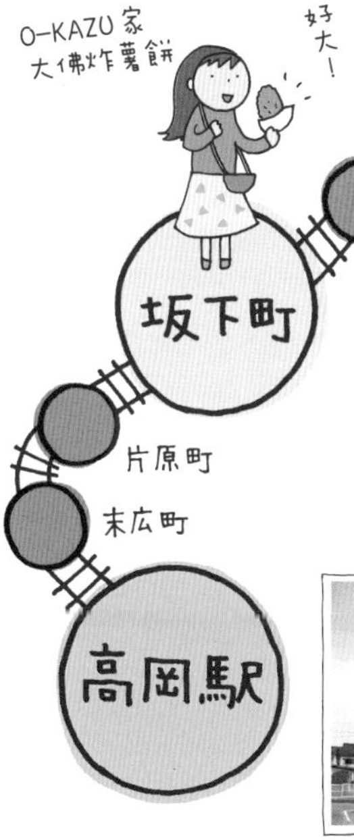

O-KAZU家
大佛炸薯餅
好大！
坂下町
片原町
末広町
高岡駅

鑄造的多啦A夢們。
因為藤子・F・不二雄
是高岡市的人呀。

坂下町電車站附近的日本三大佛之一
高岡大佛。花費了30年的歲月鑄造完成的
青銅大佛，有著俐落的表情。

片原町電車站下車。位於金屋町一隅、
舊南部鑄造所的熔鐵爐和煙囪，
象徵著高岡鑄物近代化的流程。

夜晚的高岡電車站。AI-TRAM駛來迎客，
像在說今天各位也辛苦了。
（採訪當時。現景觀已有不同）

富山銀行總行

● 「播音的車掌」是立川志輔師傅

紅色的完全低底盤電車 AI-TRAM，開抵了高岡駅前電車站。顏色鮮豔而且高雅的這種紅色，據說講究到使用歐洲電車使用的紅色。

疑？車內播音好像是在哪聽過的聲音。週六日、假日限定，新湊市（現射水市）出身的落語家立川志輔先生，就會擔任「播音的車掌」。隨著他輕快的聲音，播報站名也介紹沿途風光之下，路面電車一路前行。這電車真是窗戶又大又舒服，好像是在告訴我們，「天空原來是這麼大呀」。營運當初，還有部分乘客表示「都被外面的人看光了，很丟臉」，而這種心情倒也不難了解。

行駛高岡市與射水市之間的萬葉線，是第三方經營的第一家路面電車公司。可說是在各界的眾多支援之下成立，是市民支持的萬葉線。繽紛的「貓電車」是經過公開招募，而由當年

滿是懷舊、寧靜的空氣
金屋町的街區

國小6年級女生的設計雀屏中選。正面有個大大的貓臉，側面則描繪了拿著樂器的快樂干支動物。這麼做一定能夠讓市民感覺到，路面電車是更加貼近自己的電車。

車內也很可愛的
貓電車

有著青草芳香的感覺、河與海，以及高高廣闊的天空。全力奔跑去追萬葉線遊玩的小朋友們的笑容。明明是第一次造訪的地方，卻有著小時候好像來過一次、像是既視感般的懷念感覺。

以高岡鑄物發源地聞名的金屋町裡，時間像是凍結了一般，留下了許多木格門窗的民宅。

駛過內川橋的 AI-TRAM
如畫般的瞬間！
中新湊

站前的道路和住宅區都看得到各種鑄造的雕刻，商店街裡盆栽使用的也是鑄物，傳統工藝品不做作地溶入日常生活裡，真是讓人羨慕。

像是做日光浴一般，搭乘著路面電車前行。電車駛離六渡寺電車站，過了庄川橋時，恬靜的氛圍瞬間消失。由於路線旁邊沒有柵欄，瞬時感受了到飛在天空，像是遊樂園遊樂設施般的刺激。

在中新湊電車站下了車，閒逛在新湊地區裡，就可以看到許多深具特色的橋樑，像是彩繪玻璃極美的「神樂橋」，和設有巨大手部雕刻的「山王橋」等。有著小船停靠的內川旁，擠滿了年份久遠的民宅，好一個寧靜的港口城市。廣闊的天空遠處，矗立著立山連峰裡的劍岳。遇到了橋就到橋中間停下來看看風景，就這樣完全不會厭煩地上橋看風景到薄暮時分，水面開始染上了淡淡的橙色。

寧靜而懷舊，以及柔和的空氣

萬葉線是能夠讓乘客瞬時感受到季節變遷的路面電車，各個電車站裡，都附帶解說展示著大伴家持吟詠的萬葉集裡的詩歌。遠在1200年之前，萬葉線沿線的大自然就吸引了歌人。一回神，車窗外的風景看起來就更加特別，據說冬季的雪景美不勝收。

「富山的海比其他地方的更美」，當地人高興地說道。也據說，附近靠海的其他縣民們，會專程來這一帶看海呢。

沒有無謂的聲音，這裡是寧靜的土地。我感覺到，那像是再度喚起了內心中那種舒服地、即將消失掉的懷念記憶和感覺。

好久沒有這麼舒緩地看過天空和大海了，大

紅色的 AI-TRAM 和可愛的「貓電車」行駛的、有著豐美自然與悠久歷史的城市。這裡有著，像是張開雙臂溫柔地迎接著旅人歸來般柔和的空氣。

國寶 高岡山 瑞龍寺

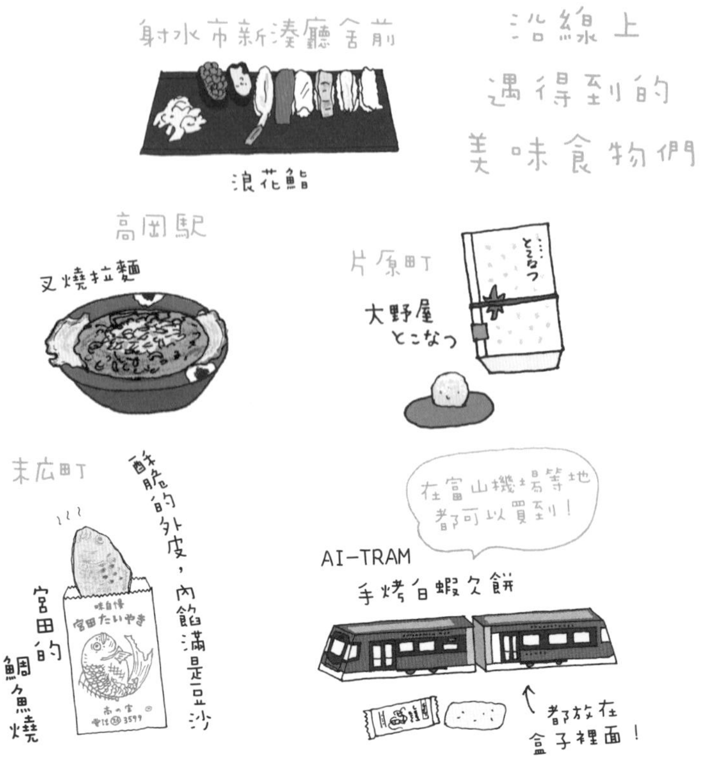
沿線上
遇得到的
美味食物們
射水市新湊廳舍前
浪花鮨
高岡駅
叉燒拉麵
片原町
大野屋
とこなつ
末広町
宮田的鯛魚燒
酥脆的外皮，內餡滿是豆沙
在富山機場等地都可以買到！
AI-TRAM
手烤白蝦仌餅
都放在盒子裡面！

⚀路面電車4569散步 小知識⚁

搭乘萬葉線，享用美味的壽司吧！

和萬葉線合作的新湊地區各家壽司店裡，可以享受到各種優惠。內容包含了回程電車票的服務，以及免費贈送味噌湯等，各家互異。為了推廣新湊地區的壽司而開始的這個企劃，剛開始時只有3家店加入。現在加入企劃的店家增加到了12家，每一家店都非常美味，很難下抉擇。全世界只有富山灣才捕得到的「白蝦」，是一定不能錯過的美味。回程時吃得飽飽地，在萬葉線車上打個小瞌睡也是一種幸福。

札幌市交通局

北海道

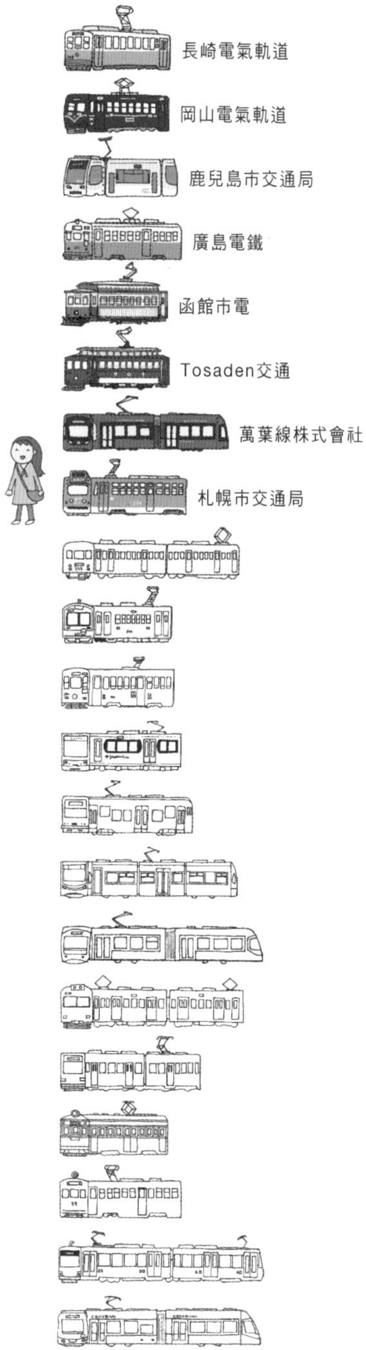
長崎電氣軌道
岡山電氣軌道
鹿兒島市交通局
廣島電鐵
函館市電
Tosaden交通
萬葉線株式會社
札幌市交通局

冬天會因為下雪而看不到？
雪花結晶圖案的人孔蓋。

博物館內有許多標本和資料。
都覺得自己博學了起來。

薄野電車站附近的二条市場是
海鮮的寶庫。本圖中的是整齊
擺放的毛蟹。

西線9条
旭山公園通
西線6条
西線
11条
西8丁目
中島
公園通
資生館
小学校前
西4丁目
すすきの
薄野

西8丁目下車。北大植物園內的博物館
有著身處歐洲的氛圍。

二条市場內的『たけ江鮨』。
利用購物的休息時間來個壽司
是不錯的享受。魚材當然是超
新鮮的。

商店街裡熊出沒！？
不，這是極為逼真的標本。

在薄野電車站下車。由街區裡的
摩天輪上，藻岩山和街區風光都
可以一覽無遺。

夜晚的資生館小学校前電車站附近。載著
返家的人們，路面電車專注地在工作著。

250形

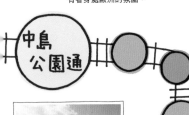

以藻岩山為背景，悠閒在
車庫裡的電車們。

使用竹子做的除雪刷條，
用久了之後就會像下面這支
般短掉一截。

在ろいず珈琲館
小憩片刻

假日午後風景，載著愛書人的路面電車。
攝於中央圖書館電車站附近。

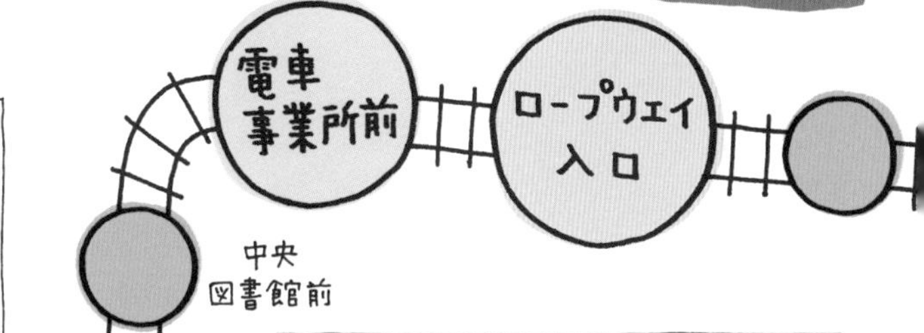
電車
事業所前
ロープウェイ
入口
中央
図書館前

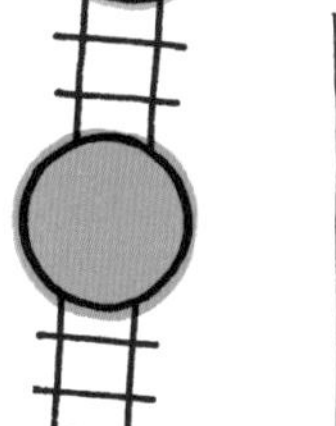

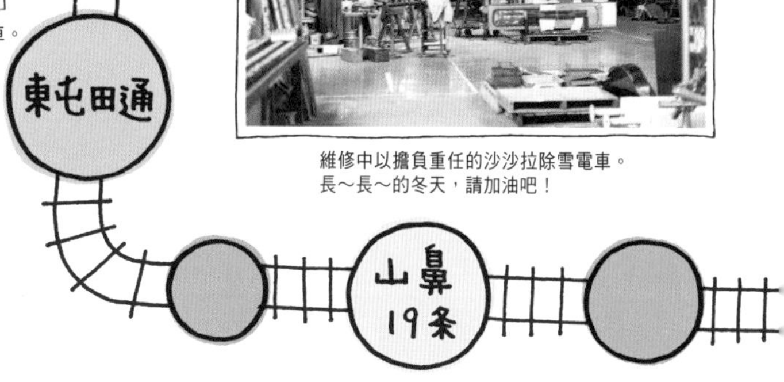
東屯田通
山鼻
19条

維修中以擔負重任的沙沙拉除雪電車。
長～長～的冬天，請加油吧！

克拉克博士

漂亮的綠色車體在街上很引人目光。
設計上也有些小復古。

豐平館所在的中島公園，
是札幌市民的綠洲。

中島公園內的木偶戲專用劇場「こぐま座」
是田上義也氏的設計，很可愛！

在車庫等候出車的
沙沙拉除雪電車

⊡ 冬天的風情畫，沙沙拉除雪電車

聽到札幌一詞，我腦中反射性地浮現出大通公園的綠意，我喜歡那種會讓人精神一振，帶有清涼感的空氣。但是，好幾次到訪，卻完全沒發現有路面電車在行駛，真是太遺憾了！

那就去札幌了。正在想要從西4丁目電車站開始旅途時，短短的等候電車的人龍出現了。學生、上班族、購物回程的婦人，客層廣泛。小巧的綠色電車開來，上了車後座位一下子就滿了，乘客還真是不少。札幌市電是由西4丁目電車站到薄野電車站之間，呈長方形的路線。主要行駛在住宅區裡，比較偏向於生活上的交通工具，而不是觀光用途；下雪的日子裡乘客更多。

札幌市交通局的藤野和敏先生說道，「札幌市電分為夏季班表和冬季班表，冬季的乘客較多，班次也會增加」。

國家級重要文化財
豐平館

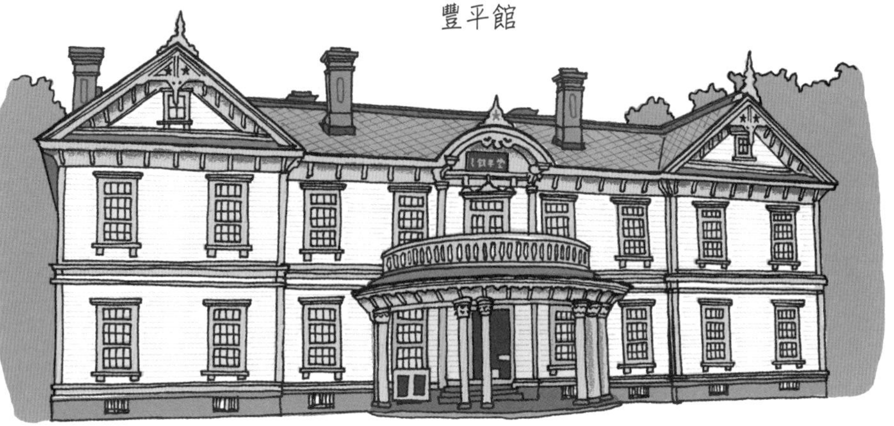

車庫裡停放著北國特有的除雪車輛——沙沙拉電車。黃黑色條紋的電車，前後都裝有竹製的除雪刷條，一輛車用的刷條有800束。前進中強力地掃除積雪的風景，是札幌冬季的代表性風情畫；出動的時間在第一班電車之前的清晨4時，真是太辛苦了。

札幌特有的綠色

旅途中，到當地的公園散散步也是樂趣之一。沿線上的中島公園，似乎很受到市民的喜愛；還去了北海道大學植物園，裡面有極美的綠。突然發現到，這裡的綠和東京的顏色不一樣。或許因為光線的角度不同，但簡直像是北歐看到的綠色一般。柔和陽光照射下的園內博物館周邊像一幅畫，是個美到想做成明信片的

藻岩山的綠
療癒了我
繪於中央圖書館
電車站附近

場所。想想，路面電車不也是綠色的嗎，札幌真是個綠色令人印象深刻的都會。

再度上了路面電車，車窗外看到了藻岩山時，便到了中央圖書館前電車站。這一站搭車的人很多，一坐定，就有許多人拿起剛借來的書閱讀了起來。午後的車內，有的是緩慢時光的流逝。

試著想像一下
在札幌過生活

到了夜晚，薄野的街頭熱鬧了起來。看來美味的店家多到隨便去一家都好吃，這既快樂也令人困擾。載著微醺人們的路面電車，坐上一圈，就可以體會到鬧區的繁華，和生活場所寧靜之間的落差。不分時段總是維持著相當的載

藻岩山麓上的
ろいず珈琲館 舊小熊邸
法蘭克·洛伊·萊特的弟子
田上義也氏的設計

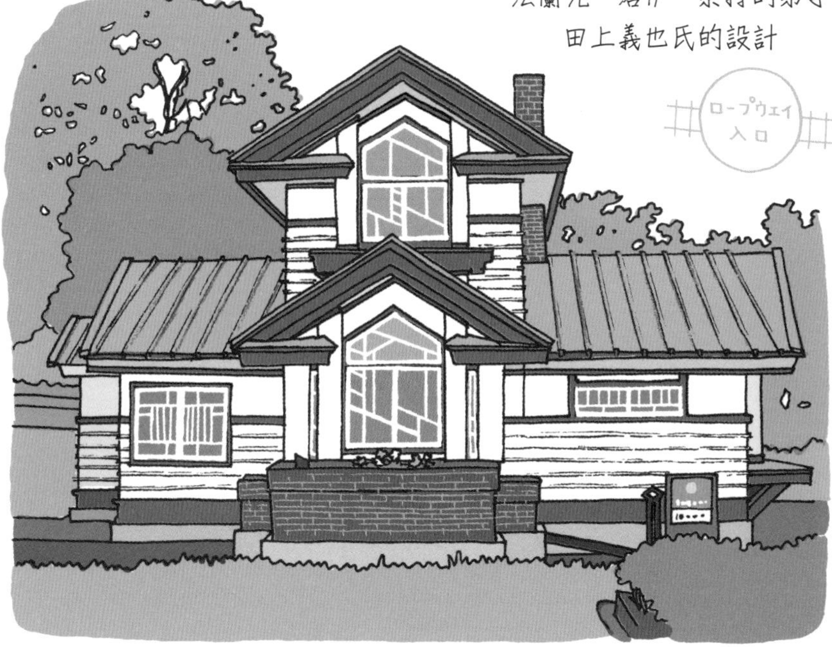

客率，或許也是這條路線的特色。

觀光用的旅遊書裡，大都不會介紹札幌市電的沿線，這或許是因為主要觀光景點都集中在地下鐵沿線上的因素。但是這條路線上，卻有著在看似什麼都沒有的地方，或許可以找到些什麼的樂趣存在。沒有目的的信步遊逛，當找到了小小的蛋糕店，或是氛圍不錯的咖啡廳時，就會有賺到了的快樂感覺。

札幌市電是一條能夠觀察到沿線的日常生活，也能模擬體驗到札幌生活的路線。如果我是住在這條路線沿線，想想自己該會度過什麼樣的生活呢。想像著自己也會到中央圖書館借本書，再到喜歡的咖啡廳閱讀嗎；窗外會是雪景，感受著藻岩山的四季變化同時，再續一杯咖啡，專注在字裡行間……。嗯，還不錯。

沿線上
遇得到的
美味食物們
西線9条 旭山公園通
奧芝商店 湯咖哩
西線11条
柳橙
&
巧克力
Chocolatier Masale
Soleil
薄野
ペンギン堂的
霜淇淋
西8丁目
匠鮨
散壽司
薄野
山櫻桃
醬油拉麵

回路面電車4569散步 小知識回

假日時，何妨安排親子的市電散步？

星期六、星期日、假日時，市電專用的一日乘車券「どサンこパス」很划算。有北海道感覺的名稱很有意思的這乘車券，大人1人和兒童1人1天只要310日圓，而且1天內不限次數搭乘！

當然也可以大人一人使用，因此是旅遊的良伴哦。平日則以地下鐵無限搭乘的地下鐵專用1日乘車券，成人為830日圓。湯咖哩、拉麵、壽司、甜點……，來一趟札幌的美食巡禮似乎也不錯哦。

江ノ島電鉄

神奈川

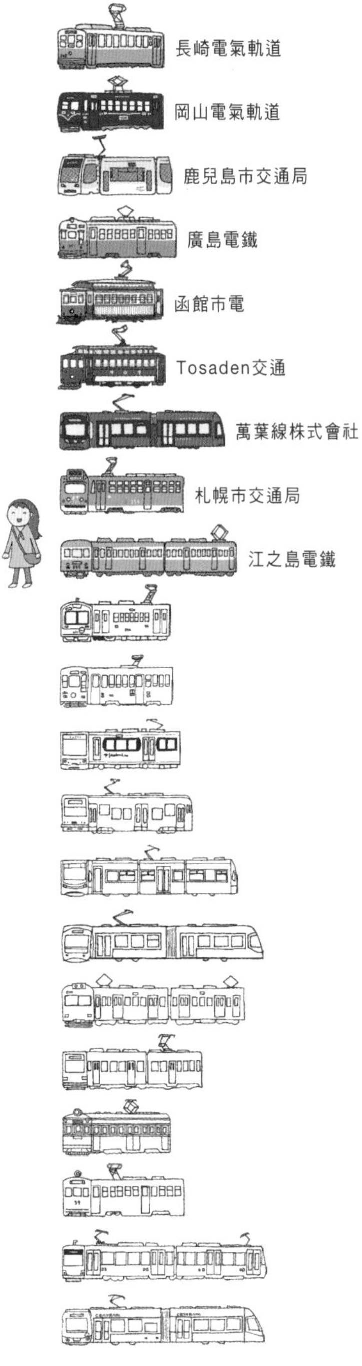
長崎電氣軌道
岡山電氣軌道
鹿兒島市交通局
廣島電鐵
函館市電
Tosaden交通
萬葉線株式會社
札幌市交通局
江之島電鐵

『鎌倉 吉咲』的吉崎雄一郎先生。
「竹筴魚棒壽司」是推薦的最佳伴手禮。

1928年營業至今的悠久直銷處。鎌倉地區種植的新鮮蔬菜和花卉等，都以低廉的價格販售。除了附近的家庭主婦之外，還可以看到餐飲店人員開著車來掃貨的。

有著嚴肅感覺的妙本寺。
貓咪慵懶舒適地在這裡曬著太陽。
鎌倉站步行約8分鐘。

回到車庫的車輛。接著就會被擦得光亮見人。

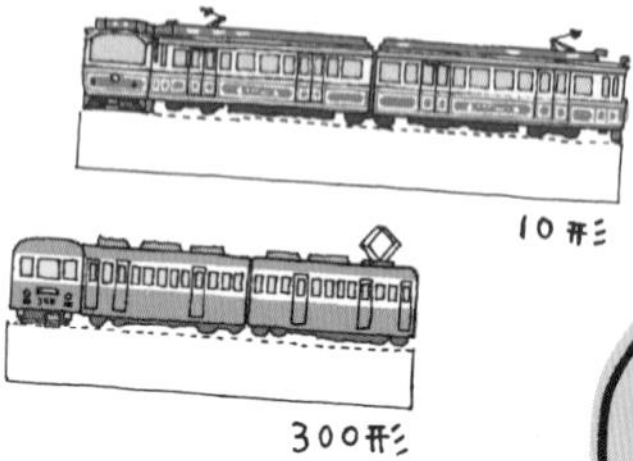

極樂寺站附近的車庫，
位於群山圍繞中非常安靜。
以江之電角度來上一張。

『甘味処 無心庵』位於和田塚站的對面位置。

鎌倉
和田塚
由比ヶ浜
長谷
極楽寺
稲村ヶ崎

107號車裡，大量使用木材的溫和而具有懷舊感覺的空間。也大受小朋友們喜愛。

獲選為關東車站百選的極樂寺站，是如畫般的木造建築。

退休的107號保存展示在由比濱站附近的鎌倉海濱公園裡。

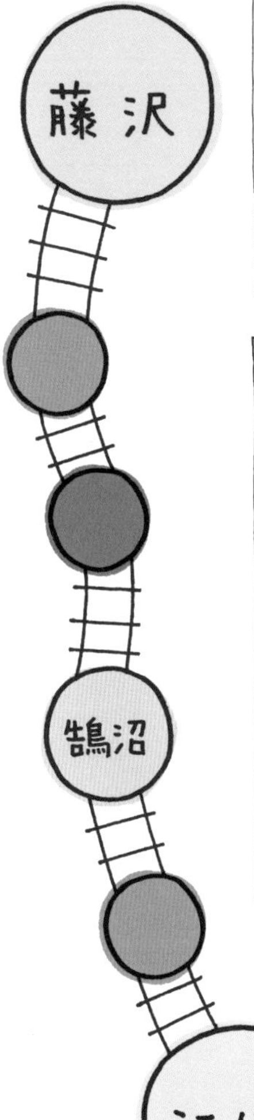

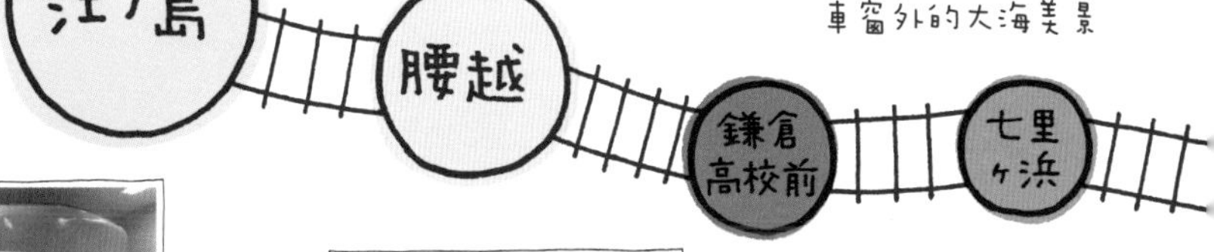

散步的出發地在藤沢？鎌倉？
請按照自己喜好決定。藤沢站的江之電月台在車站大樓的2樓。（照片中為取材當時的列車塗色）

駕駛座後方是特等座。由於會有化身為司機員的感覺，因此不少人就黏在這個座位上到終點。

過了江ノ島後，到腰越站之間都行駛在路面。由於江之電比一般的路面電車高，經過身旁時震憾力十足。
（照片為取材時的車輛塗色）

黃昏時分的七里濱。江之島剪影的彼方，浮現出富士山的輪廓。非常美。

腰越站～稲村ヶ崎站
車窗外的大海美景

江ノ島站的候車室裡，保存展示著300形303號車的前頭部分。拍照留念一下？

待幾個小時都願意的
鎌倉高校前站的絕景月台。

天氣晴朗的日子看得到富士山！
稻村ヶ崎站附近

稲村ヶ崎

・車窗的彼方就是大海

鎌倉、江之島、大佛，以及大海。到處有觀賞景點和美食的江之電沿線。不但經常被拿來作為電影和電視劇的外景地，還有些流行的感覺。像是玩具般的車輛外貌，也挑動著旅人的心。

江之電在2010年時，歡度了藤沢站～鎌倉站之間的通車100周年。路線沿線上不但新舊之間十分平衡地共存，也是個有著豐富大自然的地區。

藤沢站的月台上，江之電的電車一進站，就先來上一張照片。江之電連最新型車輛都有些懷古的氛圍，十分可愛。藤沢站出發後先行駛高架，之後便駛進了住宅區。過去在江之電開業之前，據說藤沢到江之島之間，人力車非常地興盛，但現在根本就想像不到當時的景象。

駛過商店林立的併用軌道，通過腰越站之後，車內一下子就明亮了起來。大海！看著書的人們也抬起頭，大部分的乘客都看向了窗外。閃亮動人的大海與天空，波間有著衝浪客的身影；到看不到海的稻村ヶ崎站之前，都是釘在座位上看著海。每天搭乘應該都不會膩！心情昂揚的同時，仍然陶醉在美景中的我。然而……。

「靠海那側的窗子，被鹽弄得很髒呀」

負責維修江之島電鐵車輛的檢車區人員這麼告訴我。同時，相當於汽車引擎功能的控制器，也為了避免鹽害而不會設置在靠海那側。

江ノ島站～腰越站之間
行駛在併用軌道區間

車庫裡進行了車輛的清掃；去除鹽的髒污工作感覺起來很麻煩。江之電的車輛裡有大窗子的居多，可以感受到極佳的開放感受，但在我們欣賞風景的背後，卻有著這些辛勞呢。

高德院的鎌倉大佛

在喜歡的車站下車看看

江之電是單線行駛，因此在鎌倉高校前站～七里ヶ浜站之間的峰ヶ原信號場的會車場所，是非常珍貴的拍攝點。稻村ヶ崎站和江ノ島站，也可以看到江之電2輛車併排的模樣。

此外，像是會刮到般貼著民宅行駛，也是江之電的特色。感覺上會看到住宅裡部，我心裡有些忐忑。我也推薦在一些小巧有特色的車站下車看看。

在由比ヶ浜站下車，走向鎌倉文學館。由展示中了解到，許多作家和詩人喜歡江之電沿線而定居於此。既有群山圍繞，又有海；走進小徑裡就包覆在寂靜的空氣裡。這種悠然自得的地區環境，或許就是優越作品出現的原因。江之電通車當時至今，街區雖然一點一點地改變樣貌，但我覺得根本的部分是沒有改變的。

夜晚時舒適的搖晃和聲音

車內幾乎看不到觀光客的身影，夜晚的味道愈來愈濃，早晨的光線像是久遠以前的事件一般，山和海都是一片漆黑。靜悄悄的車內響著卡噹卡噹的江之電聲音，隨著夜色的深沉而更顯得大聲。讓身體隨著車子舒服的搖晃，就像是江之電在說「你辛苦了」的感覺。

由比ヶ浜
鎌倉文學館
陽台可以
看到由比ヶ浜站

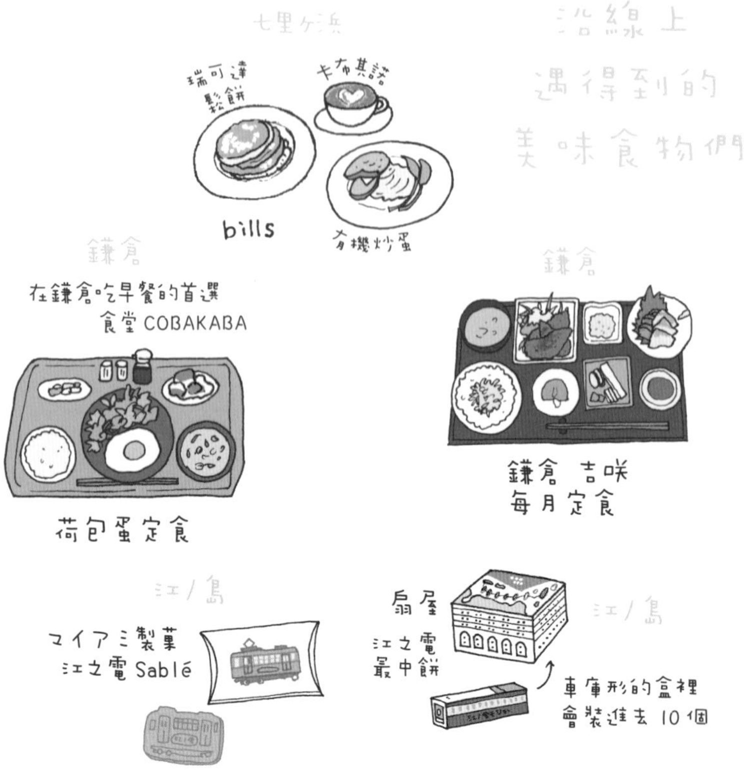
沿線上
遇得到的
美味食物們
七里ヶ浜
瑞可達
鬆餅
卡布其諾
bills
有機炒蛋
鎌倉
在鎌倉吃早餐的首選
食堂 COBAKABA
荷包蛋定食
鎌倉
鎌倉 吉咲
每月定食
江ノ島
マイアミ製菓
江之電 Sablé
扇屋
江之電
最中餅
江ノ島
車庫形的盒裡
會裝進去 10個

回路面電車4569散步 小知識回

伴手禮就選江之電商品沒錯！

像是玩具般可愛的江之電，而這江之電真的成為了玩具！Plarail和車輛玩具、毛巾和包包等，商品的種類多到數不完。可以在鎌倉站大廳內的「ことのいち鎌倉」內買到。

要遊逛江之電的話，一日乘車券「のりおりくん」最好用，在沿線的設施出示，就可以得到各種優惠，十分好用。大人600日圓、兒童300日圓。

嵐電

京福電気鉄道

京都

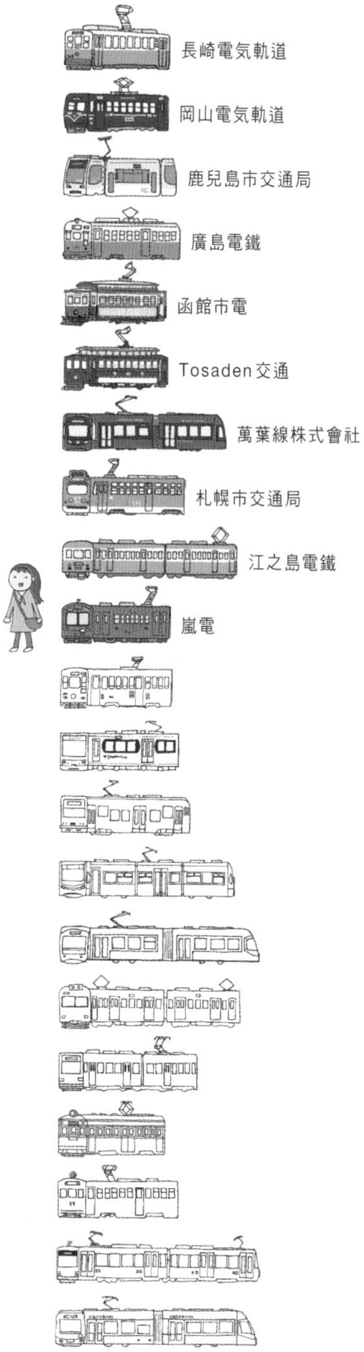
長崎電気軌道
岡山電気軌道
鹿兒島市交通局
廣島電鐵
函館市電
Tosaden交通
萬葉線株式會社
札幌市交通局
江之島電鐵
嵐電

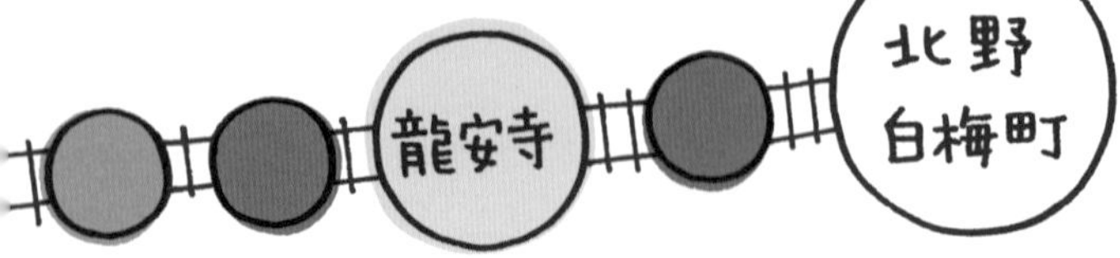
龍安寺
北野
白梅町

モボ101形
(mobo)

收集御朱印當紀念品如何？
左為龍安寺、右為野宮神社。

北野白梅町站的月台。
小學生的團體很有精神地
搭乘這班車到此。

抬頭看電線赫見忍者！
千萬不能大意。
這張也攝於映畫村。

到東映太秦映畫村的時代劇室外布景走走，就有
時光倒流般的感覺。由太秦廣隆站步行約5分鐘。

據傳為渡來人的旺族－秦氏創建的
蚕ノ社（木島坐天照御魂神社）裡，
立有罕見的三柱鳥居。蚕ノ社站下車
即到。

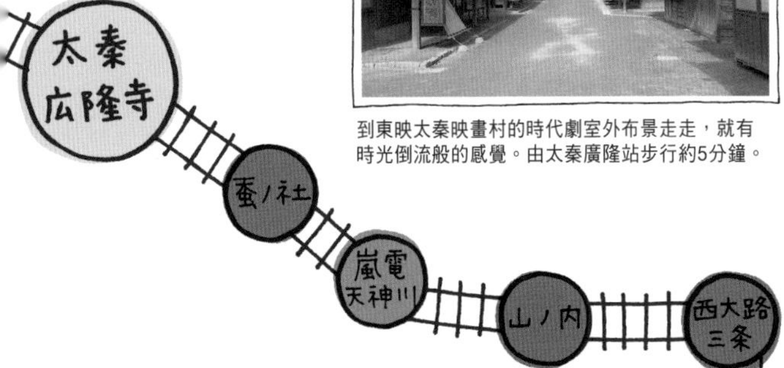
太秦
広隆寺
蚕ノ社
嵐電
天神川
山ノ内
西大路
三条

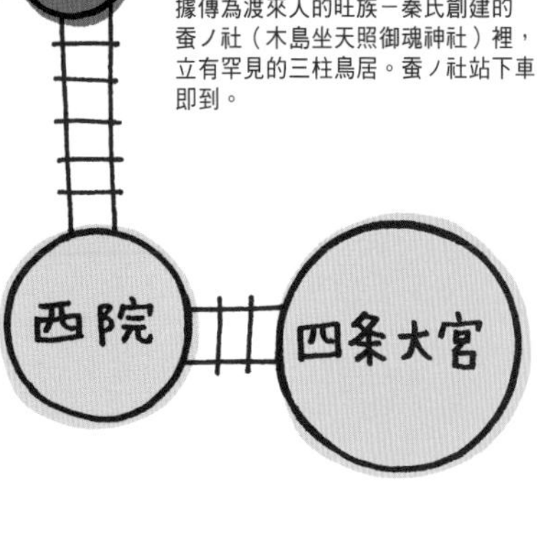
西院
四条大宮

西院站附近的平交道沒有柵欄。
平交道的警告聲，是一種溫和而懷舊的聲音。

モボ621形
(mobo)

帷子ノ辻站走約10分鐘，突然出現在住宅區的橫穴式前方後圓墳「蛇塚古墳」。

舞妓

復古電車モボ（mobo）21形的裝飾帶有金和銀2種。攝於嵐電嵯峨站。

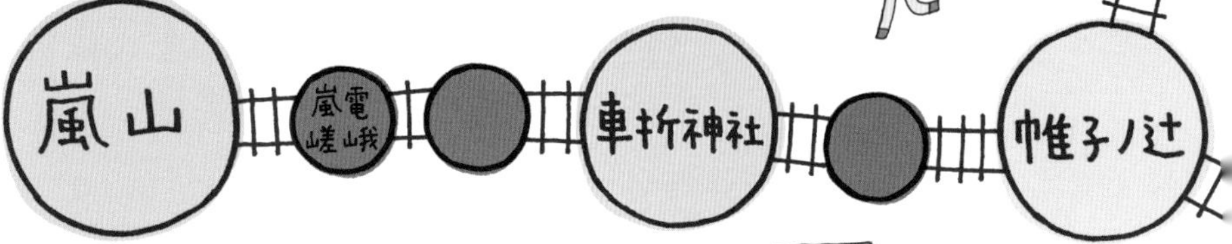
嵐山
嵐電嵯峨
車折神社
帷子ノ辻

嵐山站周邊有許多療癒人心的景點。
走過竹林道路心情便會神清氣爽。

位於嵐山站
月台的足湯

※現在泡足湯時不能飲食。

竹林環繞中的野宮神社。
以結緣聞名。嵐山寺周邊。

看著電車著足湯稍事休息。
附原創毛巾200日圓。

通過廣隆寺氣派的樓門前
駛往太秦廣隆寺站的電車

⊡ 塗色為京都紫的車輛

京都，是個可以讓我心情平和，同時又能讓心情亮麗的地方。住在京都的朋友，建議我這個愛電車的人「務必來搭乘嵐電看看」。嵐電，是京福電車的暱稱，有嵐山本線和北野線等二條線路的路面電車。嵐山本線在１９１０年時，以「嵐山電車軌道」之名開業，也一直被稱為嵐電至今。

嵐電東側的門戶是四条大宮站，月台上有著高雅〝紫色〞的電車迎接來客。使用這高雅紫色的電車，其他地方都看不到。車內的座位也是紫色，僧人上了車。心裡已經連呼數次「真不愧是京都！」

乖乖地坐在位子上沒多久，就不乖了起來移動到駕駛席的後方座位。這裡是絕佳的觀景座位，和司機員的距離，近到手一伸就好像能碰觸到。接近西大路三条站時，車內響起了客氣

月台的鮮豔紅色柵欄後方
眼前就是車折神社的鳥居

的播音聲音，說目前行駛在京都唯一的路面電車區間。通過了道路正中央的狹窄安全地帶就是月台的山ノ內站後，車內播放了電視連續劇「暴坊將軍」的背景音樂（２０１４年時）。沿線上有東映太秦映畫村等景點，過去有數座影城時，京都可是有「日本的好萊塢」之稱呢。路面區間結束，回到了專用軌道時，電車朝向前方的嵐山直駛而去。

大受當地幼稚園小朋友的歡迎

嵐電的外觀種類很多，褐色的通稱「復古電車」，名符其實就是營造出懷古的氛圍；米色和綠色雙色塗裝的車輛，我注意到在色調上會有些許的差異，而且有幾種不同的設計。紫色的車輛，據說是由米色綠色車輛重新塗色而成。

龍安寺
凝視著龍安寺的石庭
心情就會平靜下來

「選上可以表現出京都歷史和自豪的京紫色，讓乘客感受到古來的榮華與溫潤」，京福電氣軌道的射庭和之先生如此說道。剛開始時，有人對大變身的電車感到驚訝，但現在似乎都已經適應了。

我去參觀的車庫在西院站附近，周遭都是民宅等建築。當我感受到好像有些炙熱的視線而抬起頭等，看到了隔壁幼稚園的屋頂，有些小朋友看著這裡。

「他們常會朝著電車說話哦」，車輛係的木村圭吾先生微笑地說道。我感覺到嵐電身處沿線人們的中心，為他們的生活帶來了溫馨。

魅力四射的電車讓街區更顯光亮

手拿著路線圖反覆地盯著看，原因是有許多沒標示注音就念不出來的站名；在其中之一的帷子ノ辻站轉乘了北野線。北野線乘客沒有嵐山本線乘客多，也悠閒許多。窗外的風景讓人心情平和，像是小時候做夢見到的一般。

終點站北野白梅町站下車，走到北野天滿宮。嵐電沿線上神社佛寺多是另一大特徵，喜歡神社的我可以在時間許可的範圍內盡情遊逛，很滿足。

再回到四条大宮站的車內，隔壁坐的韓國女性問我怎麼轉車。笨拙地使用英語單字居然通了，二人都滿面笑容。我看過很多日本人，也看過很多國家來的外國人，感覺到每個人的眼神都十分平和。嵐電擁有可以讓乘客的心情和京都的街區平靜，卻同時讓他們散發出光輝的魅力。

京都市指定
有形文化財

這裡就是新選組
誕生的

壬生屯所遺蹟
（八木家）

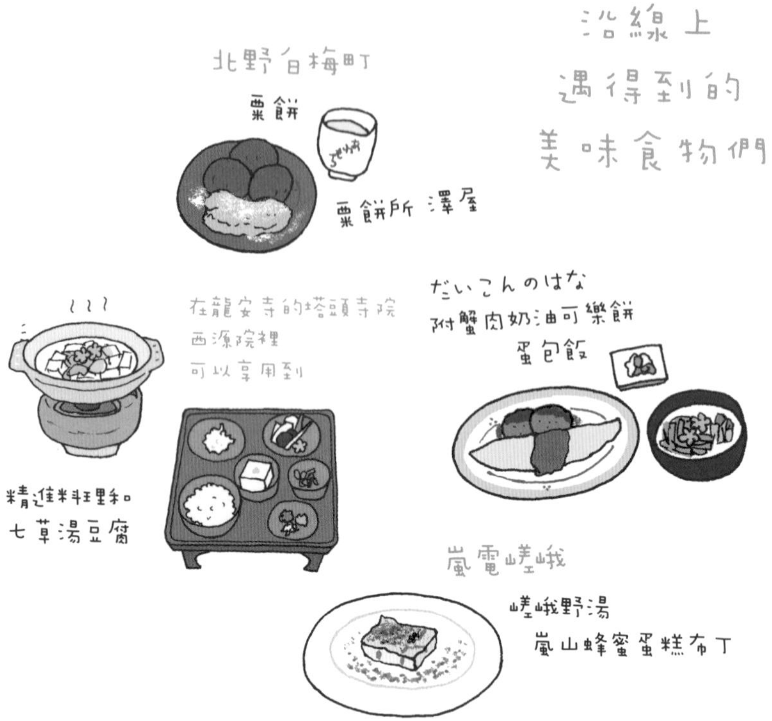
沿線上
遇得到的
美味食物們
北野白梅町
栗餅
栗餅所 澤屋
在龍安寺的塔頭寺院
西源院裡
可以享用到
精進料理和
七草湯豆腐
だいこんのはな
附蟹肉奶油可樂餅
蛋包飯
嵐電嵯峨
嵯峨野湯
嵐山蜂蜜蛋糕布丁

路面電車4569散步 小知識

每個季節都會登場的活動電車

夏季盂蘭盆時會行駛「妖怪電車」。車內亮起黑色的燈光，營造會有妖怪上車搭乘的感覺！其他季節還有梅電車、櫻電車等運行，每次都是可以再度發現嵐電魅力的機會。營運和車資詳情請洽嵐電。

嵐電的車票可以根據自己遊逛的內容來選擇划算的票種，包含了「嵐電一日票」（大人500日圓、兒童250日圓）、「嵐電、映畫村套票」（大人2300日圓、國高中生1400日圓、兒童1200日圓）「京都地下鐵、嵐電1日票」（限大人1000日圓）等。

熊本市交通局

熊本

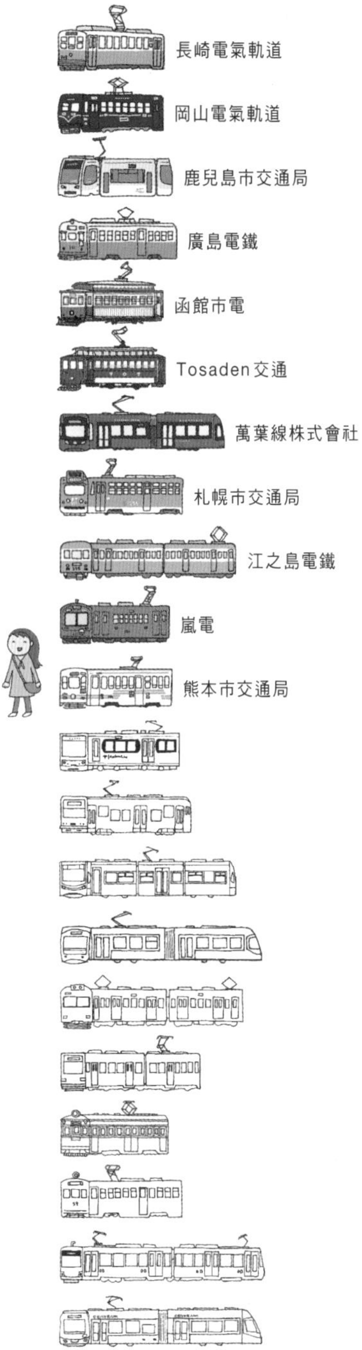
長崎電氣軌道
岡山電氣軌道
鹿兒島市交通局
廣島電鐵
函館市電
Tosaden交通
萬葉線株式會社
札幌市交通局
江之島電鐵
嵐電
熊本市交通局

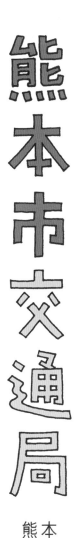

水前寺成趣園「古今傳授之間 香梅」看出的風景。是個想當成自家庭園，可以放鬆心情的空間。

健軍神社是熊本市內最古老的神社。境內有著莊嚴的氛圍。健軍校前電車站下車。

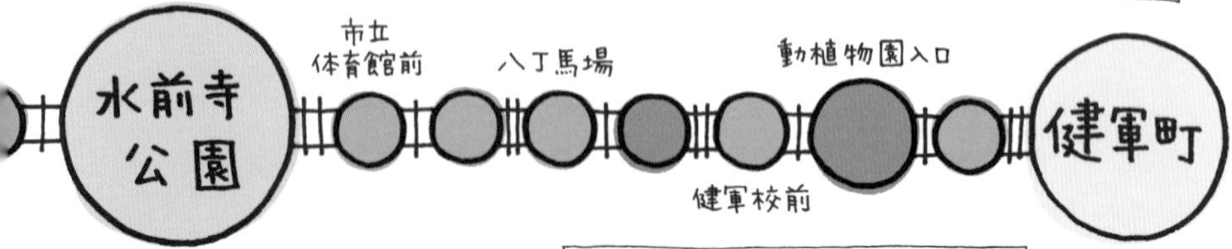
水前寺
公園
市立
体育館前
八丁馬場
動植物園入口
健軍校前
健軍町

八丁馬場電車站附近的江津湖裡，有數種造形奇特的小船。這一艘是「鹹蛋超人」，其他還有「多啦A夢」等。

動植物園入口

動植物園入口電車站有可愛的動物主題畫作。等待電車時不由得笑容滿布。

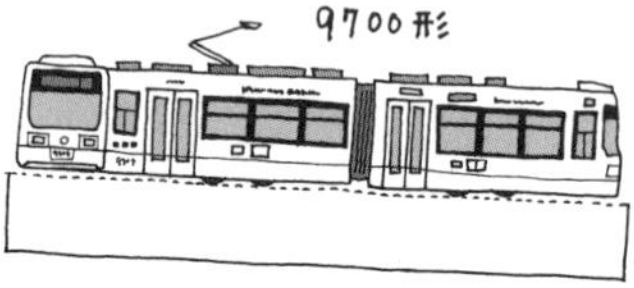
9700形

在1天約湧出40萬噸水的江津湖裡玩水的小朋友。能抓到什麼樣的魚呢？

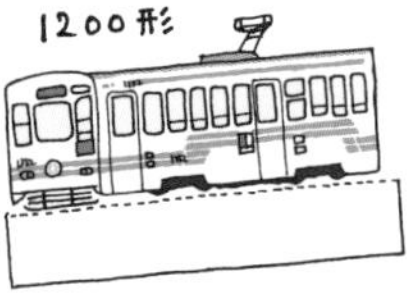
1200形

A

紅色為A系統，藍色為B系統，是以顏色區分的。要注意別搭錯車了。

行人天橋上觀察路面電車。遠方的山勢依稀可見。

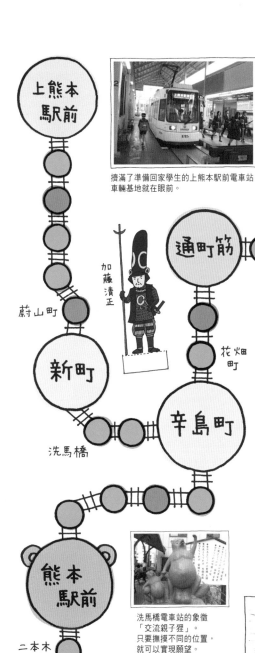

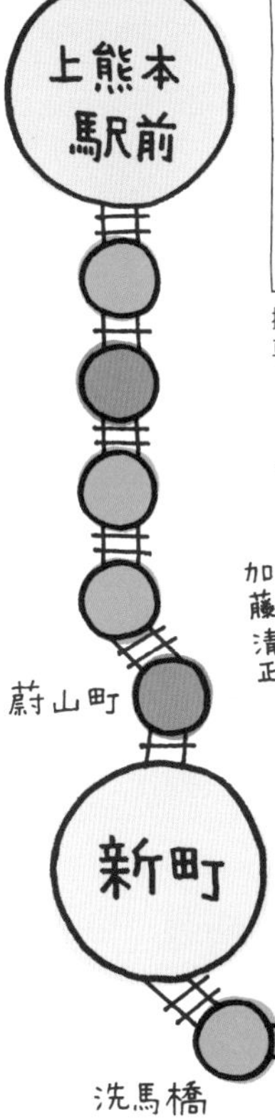
上熊本
駅前
蔚山町
新町
洗馬橋

擠滿了準備回家學生的上熊本駅前電車站。
車輛基地就在眼前。

洋溢著大正浪漫的
上熊本駅前電車站
是由JR上熊本站
將站舍的正面部分
移築而成。

攝於上熊本的車庫內
維修中的車輛。
只要事前聯絡，
就可以參觀車庫。

加藤清正

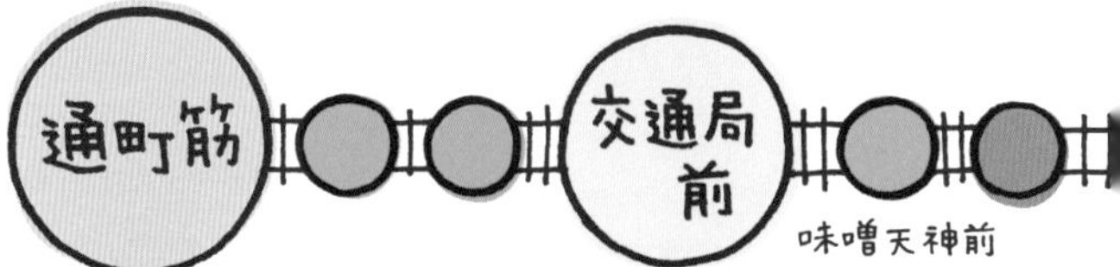
通町筋
交通局
前
味噌天神前

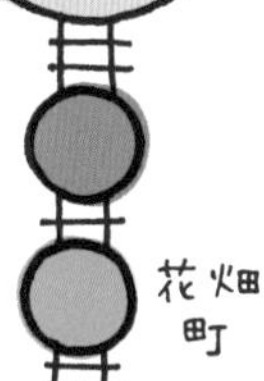
花畑
町

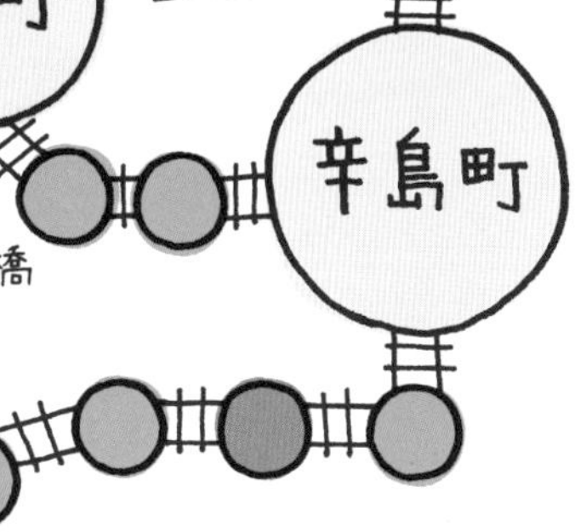
辛島町

小泉八雲的熊本舊居，是熊本市有形文化財。
據說是小泉八雲訂做的神龕值得一賞。
通町筋電車站步行約3分鐘。

夜間的花畑町電車站，商店街的眾多餐飲店
還是人聲鼎沸。

洗馬橋電車站的象徵
「交流親子狸」。
只要撫摸不同的位置，
就可以實現願望。

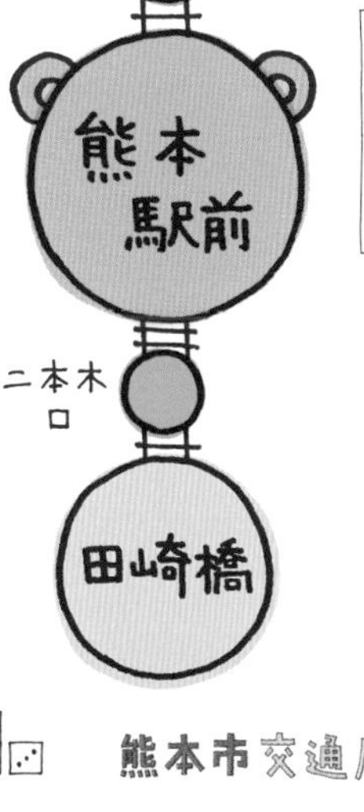
熊本
駅前
二本木
口
田崎橋

行經肥後銀行前，駛往辛島町電車站的1200形電車。
綠色線條很有清爽感。

抬頭望著熊本城，等候下班電車。通町筋電車站

司機員的貼心讓人備感舒服

熊本縣有著阿蘇山等豐美的大自然。或許是這個因素，人在市區裡一樣感受得到悠閒的氛圍，令人驚奇。位於城市中心的是西日本最大的商店街，人來人往非常熱鬧，熊本市電裡乘客較多的電車站之一、通町筋電車站裡，眾多的購物客排起長龍等著乘車。

「氣壓all right，開車」

聽到司機員的聲音，電車開始動了。

「紅燈停車，請稍候」

「彎道，轉彎」

乘客下車時還會出聲「請注意腳下安全」；行駛中一直以平穩的口吻說話的貼心感覺，讓在人生地不熟土地上的旅人能夠放下心來。

熊本市電的起點有2處，A系統是田崎橋電車站，B系統則是上熊本駅前電車站。到了轉乘站的辛島町電車站時二系統合一，接下來一

縣指定重要文化財
熊本洋學校教師Janes館

直到健軍町電車站為止二個系統都可以搭乘。電車使用紅、藍的顏色區分，以及各電車站標示的號碼辨識A、B系統，簡明易懂。又有4國語言的標示，對外國觀光客的因應方式也無懈可擊。

「熊本市電裡，有許多『日本最早』的東西哦」，熊本市交通局的伊藤達也先生表示。超低底盤車輛和冷氣車之外，裝載VVVF變頻裝置的節能車輛也是日本最早引進的。再加上將鐵軌鋪設在道路邊的「Side Reservation方式」，也是日本最早推動的。下一個「日本最早」是什麼呢，令人期待。

新舊共存的城區與路面電車

就像是有著新舊形形色色車輛服務的路面電車般，街區也是鬧區和古老的街區共存的形態。新町、古町一帶，就是所謂的城下町。到處都有黑瓦屋頂的建築，有著古老氛圍的街區最適合遊逛。據說日本人都唱過的手鞠歌「あんたがたどこさ」背景的船場町，附近就有洗馬橋電車站。從前，據說此處是讓馬匹飲水的碼頭；電車站內，有寫著「せんばの水」字樣的飲水處。說到水，知道了熊本市內的自來水水源100%來自於地下水一事時，大吃一驚。怎能這麼讓人羨慕呢。

交通局前電車站到終點的健軍町電車站沿線上，多是住宅區，可以一窺當地的生活樣貌。這一帶還有水前寺公園和熊本市動植物園等許多綠地，也是特色之一。我在八丁馬場電車站下車，走在住宅區裡時，騎著自行車、扛著釣

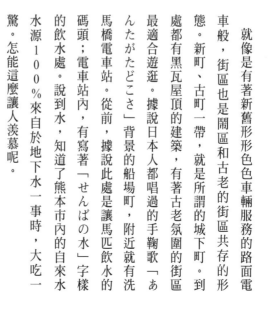

八丁馬場

午後的江津湖
有著舒緩、舒適的空氣

欣賞著美麗的庭園
品嘗抹茶

水前寺成趣園
古仏傳授之間香梅

竿的少年們一下子就超過了我。未久，眼前出現了江津湖。像是繪本裡面畫的風景一般，就像在夢境般的感覺。湖裡有人划著小船、草坪上嬉戲中的親子、手牽手散著步的老夫妻……。剛才的少年們，正以熟練的動作在釣著魚。或許這是第一次感覺到再日常不過的光景，居然能夠這麼美。

「氣壓all right，開車」

再度搭乘的車內，舒適的感覺依然沒變。清澈的空氣、光亮的綠、乾淨的水，沿線的任何地方，都可以感覺到大自然的恩澤。想想，如果能住在這樣的城市，內心一定能夠更加豐富。

沿線上
遇得到的
美味食物們
二本木口
東庵本店 せいろ寿司
味噌天神前
ブローニュの森
蛋糕
通町筋
紅蘭亭 太平燕
在熊本城
城彩苑桜的小路内
等地都買得到
いきなりやわたなべ
いきなり団子
蔚山町
吉田松花堂
諸毒消丸
好吃的東西
吃了太多之後…
熊本縣的鄉土料理
看到了就
一定要點來吃！
一文字ぐるぐる

回路面電車4569散步 小知識回

啤酒屋就在電車裡？

夏季限定（7月～9月）會運行「包租啤酒電車」。而正如其名，就是在路面電車裡開設專屬於自己團體的啤酒屋。企劃案本身只提供電車，餐飲可以自由攜帶。租金是每1輛車輛18000日圓，運行時間2小時。1天只限定1組，預約請早。

此外還有2種划算的車票，包含可以自由搭乘市電全路線和部分區間路線巴士的「電車、巴士共通1日票（わくわく1dayパス）」（大人700日圓、兒童350日圓），和只能搭乘熊本市電的「熊本市電1日乘車券」（大人500日圓、兒童250日圓）等。

都電荒川線

東京都交通局

東京

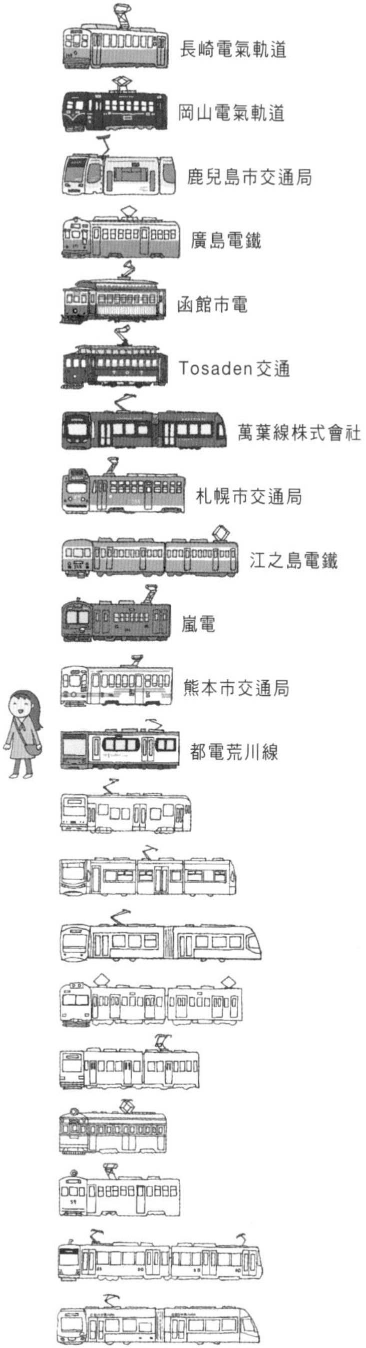
長崎電氣軌道
岡山電氣軌道
鹿兒島市交通局
廣島電鐵
函館市電
Tosaden交通
萬葉線株式會社
札幌市交通局
江之島電鐵
嵐電
熊本市交通局
都電荒川線

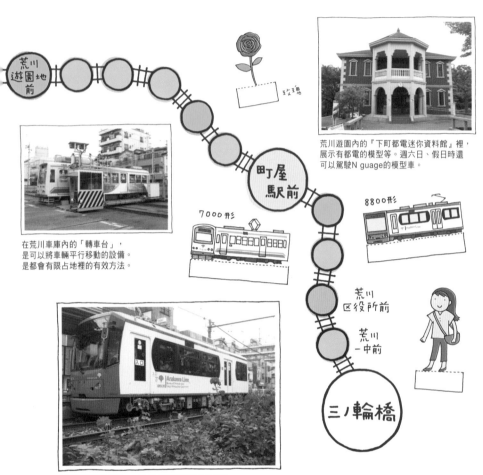

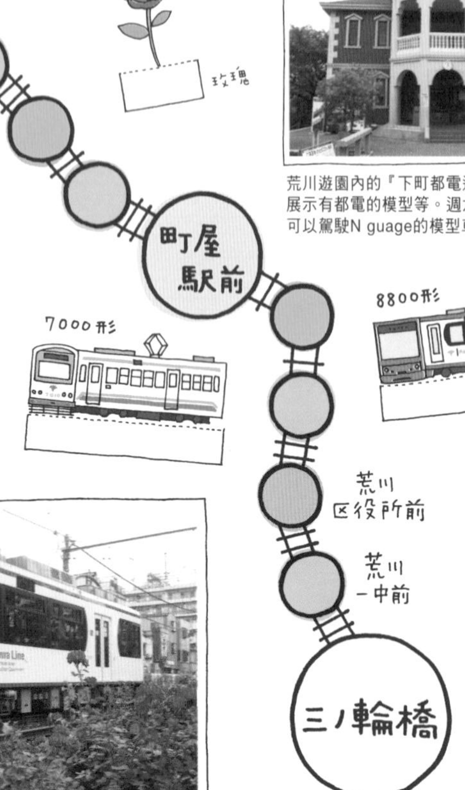
荒川遊園地前
町屋駅前
荒川区役所前
荒川一中前
三ノ輪橋
玫瑰
7000形
8800形

荒川遊園內的『下町都電迷你資料館』裡，展示有都電的模型等。週六日、假日時還可以駕駛N guage的模型車。

在荒川車庫內的「轉車台」，是可以將車輛平行移動的設備。是都會有限占地裡的有效方法。

Arakawa Line
入口

8800形的鮮豔顏色，一點也不輸給沿線的玫瑰花。除了玫瑰紅之外，還有橘色、紫羅蘭、黃色等共4種顏色。

由三ノ輪橋一直延續到荒川一中前的三ノ輪商店街，全長達500公尺。

悠閒地散步在路線旁，觀賞路面電車和有玫瑰的風景也很不錯。

王子駅前

梶原

荒川車庫前

飛鳥山

滝野川一丁目

攝於飛鳥山停留場附近的行人天橋上。穿過腳下而去的路面電車還是很有氣勢的。

梶原停留場下車。『都電もなか本舗 明美』的久保幸一先生，很客氣地對應著一個接一個不停地來買「都電最中餅」的客人。

庚申塚

時鐘和照明都很古典，讓人出現懷舊氛圍的庚申塚站。

巣鴨猿田彥大神・庚申堂裡奉祀的猴神。庚申塚站下車就到了。參拜了之後，可以到巣鴨地藏通商店街去買買東西。

『ゆるカフェ木楽楽』靠窗的座位，可以觀賞到眼前來來去去的路面電車模樣，適合散步途中的休息。滝野川一丁目停留場下車。

大塚駅前

鬼子母神前

都電雑司ヶ谷

濕潤的鬼子母神堂的境內。蘆葦的鄉土玩具「すすきみみずく」很有名。鬼子母神前站下車。

由鬼子母神前～都電雑司ヶ谷之間的鐵橋下方，可以看到車輛的底部。（採訪當時，現已禁止進入）

学習院下

面影橋

早稲田

「天主教東京總教區關口教會」的占地內，打造了和法國偏僻的盧爾德洞穴極為相像的祈禱場「盧爾德」，以加強對聖母瑪利亞的信仰。

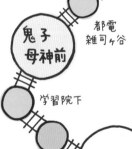

可以接觸到從前活躍過車輛的
「都電懷念廣場」在荒川車庫前站附近
※週六日、假日的10:00～16:00開放

・行駛在老街上，值得愛的電車

駛過高樓大廈林立的東京都中心區，前往王子駅前停留場。一看到都電荒川線的可愛車輛，一下子心情就平和下來了。主要行駛所謂「老街」的都電荒川線。荒川區的三ノ輪橋到新宿區的早稻田之間，約有30站，行駛時間約53分鐘。以遊逛的角度來看，是絕對足夠的份量了。

小小的男孩緊貼在駕駛座的後方，祖母在旁邊守護著。小小的車輛就載著這些讓人愉悅的光景，咔嗒咔嗒地前行。陡坡和大彎道多，很難連結運行，因此荒川線都是1輛車在行駛的。

前往參觀景點之一的「都電懷念廣場」；展示著2輛古老的舊型車輛。據說是工作人員覺得讓他們擺在車庫角落太可惜了，便自己將他們塗上顏色進行了修理來展示的。

「這輛5501號曾經行駛過銀座」

「天主教東京總教區關口教會聖瑪利亞主教座堂」
由上空俯瞰會是十字架的形狀。
由丹下健三設計。

荒川電車營業所的仲山毅先生一席話讓我吃驚。這5501號的車廂內部，已經改為展示空間，展出可以了解都電歷史的文件。看到往昔的路線圖時，又對那停了滿滿車輛的龐大停留場數量大感驚奇。銀座的街上有都電行駛，這還真是很難想像的事，但昭和37年（1962年）時，可是有41條系統行駛東京都的各區呢。

一而再再而三的廢線潮當中，因為沿線居民請願能夠繼續行駛，因此行駛三ノ輪橋～早稲田之間的荒川線，就唯一保留下來了。

感覺到車內不分時段乘客都很多，乘客包含了嬰兒到上班族到老年人，涵蓋了所有的年齡層。在部分距離近到可以看到另一站月台的站裡，就有許多老年人只搭乘一個站。所有站都設有坡道，推嬰兒車搭乘都不會有問題。有這種可以輕鬆而安全移動的交通工具在身邊，任何世代都該會覺得好用。

荒川区役所前

看到東京晴空塔了！
位置在荒川區役所停留場附近

※東京晴空塔在2011年採訪時還在興建中。

小朋友們充滿笑容
跑來跑去的「荒川遊園」
大人也都恢復童心了

荒川遊園地前

⠅ 車窗映著東京晴空塔

車內的小小男孩，又牢牢占住駕駛座後方位置進行觀察中。我也由他的後方，看著前面的擋風玻璃。電車接近荒川區役所前時，東京晴空塔映入了眼簾，不久後便抵達了三ノ輪橋。三ノ輪商店街（ジョイフル三の輪），滿是當地購物客而活力十足。到處都是熟菜店、蔬果店、古早風格的麵包店等，有著古老氛圍的店家。能找到可以裹裹腹的點心也很讓人歡喜。

在三ノ輪橋和部分車站等候電車時，種在線路旁的鮮豔玫瑰就能讓人心情舒暢。這些玫瑰是由當地的義工負責照顧，據說可以看到各式不同的品種。我想到了仲山先生告訴過我，「春天時電車內看到的櫻花格外地美。尤其是在面影橋和學習院下之間的高戶橋，更是著名的拍照點」。將沿線裝飾得美輪美奐的鮮花，或許不僅僅是乘客，連司機員都得到療癒，引導了他們開車都十分平順。

進入了併用軌道，在王子駅前到飛鳥山的區間左右都是汽車之下，電車駛上陡坡。突然，我想像著，如果就像從前一樣駛往銀座的話，街景又會有些什麼變化呢？路面電車上看到的銀座和青山，又會是什麼樣的風景呢？就這麼漫無目的的想像著，也好幾次覺得，廢除的系統再復活就好了。玫瑰似乎也贊成我的想法一般，總覺得花在搖晃著點頭。

椿山荘 カフェ フォレスタ
在2萬坪庭園的相伴下
小憩片刻

沿線上遇得到的美味食物們

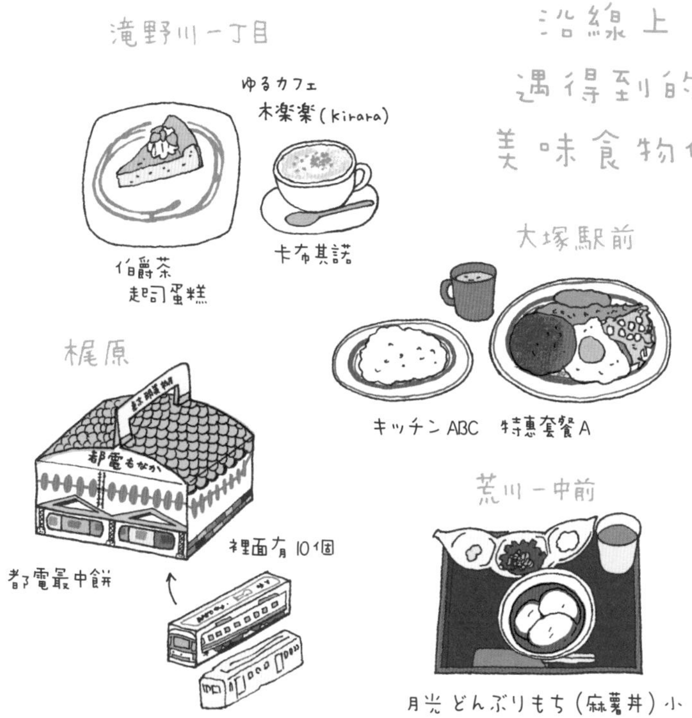

路面電車4569散步 小知識

去參加「路面電車節」的紀念活動吧

你知道6月10日在日本是什麼日子嗎？取6和10的諧音，便是路電！對，就是「路面電車節」。這是1995年在廣島市召開的第2屆路面電車高鋒會制定的紀念日，最近，全日本各地都會舉辦促進利用路面電車的活動，來配合這個日子。

荒川線是在荒川電車營業所舉辦活動，包含了平常看不到的都電車庫參觀、車輛的拍攝會和都電原創的商品販售等，有著多元的內容。紀念活動的舉辦相關問題，可以詢問都營交通的乘客中心。

4569 散步
收集的紀念戳章②
HOHEIKAN SINCE1880
National Important Cultural Property
鉄鉢の中へも霰
山頭火
小泉八雲・熊本旧居
世田谷区立郷土資料館
まつやま観光記念
松山市
MATSUYAMA SIGHTSEEING MEMORIAL
熊本城
年 月 日
ロープウェイ搭乗記念
函館山ロープウェイ
www.334.co.jp
岩瀬カナル会館
福井市
石炭記念館
来館記念
林原美術館
出水神社
水前寺
成趣園
特別名勝
岡山後楽園
日本100名城
81松山城
ハリストス正教会
旧函館区公会堂
富山市郷土博物館

福井鉄道福武線

福井

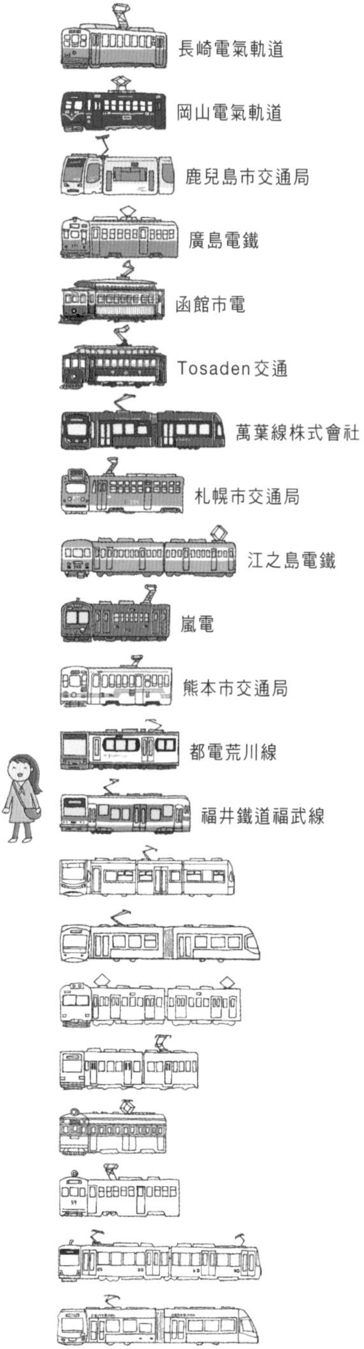
長崎電氣軌道
岡山電氣軌道
鹿兒島市交通局
廣島電鐵
函館市電
Tosaden交通
萬葉線株式會社
札幌市交通局
江之島電鐵
嵐電
熊本市交通局
都電荒川線
福井鐵道福武線

仁愛女子高校前電車站下車。位於住宅區內的養浩館庭園，是個以大型水池為中心的回遊式林泉庭園。還可以餵食池中的鯉魚。

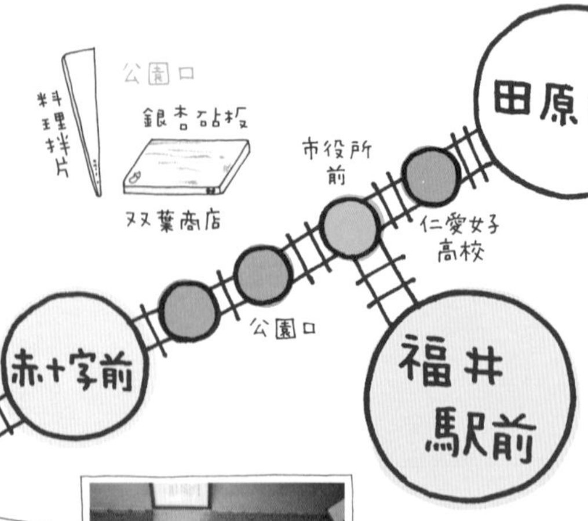

料理拌片
公園口
銀杏砧板
双葉商店
田原町
市役所前
仁愛女子高校
公園口
赤十字前
福井駅前

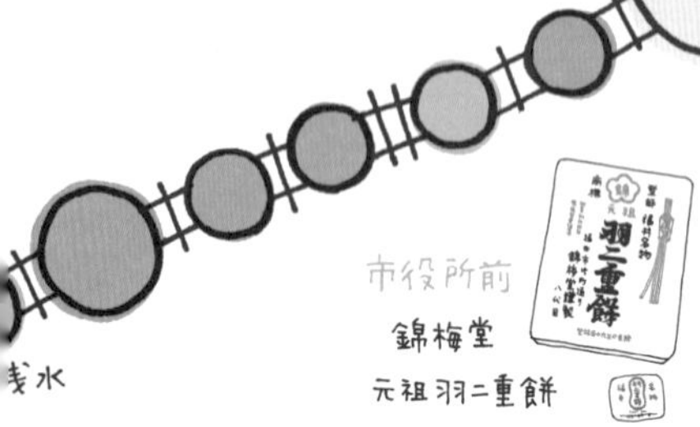

浅水
市役所前
錦梅堂
元祖羽二重餅
羽二重餅

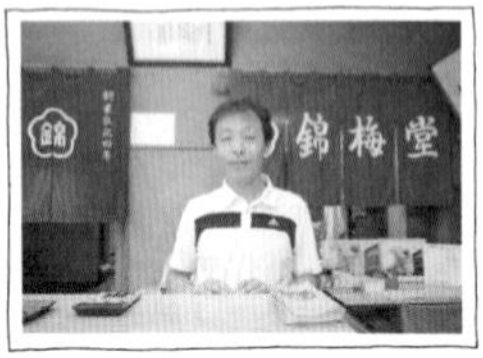

錦梅堂

『錦梅堂』的店主，紅谷宏志先生。
他告訴了我很多當地的資訊。

浅水～鳥羽中站一帶的景色，
尤其讓心情平和寧靜。

早上的福井駅前電車站，乘務員也在做開車的準備。

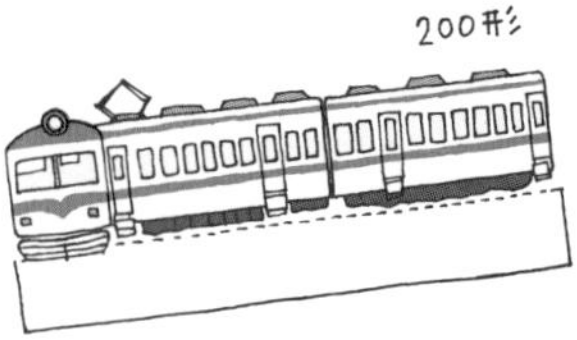

200形

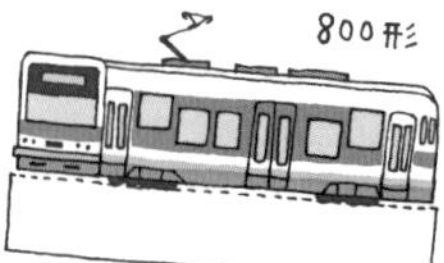

800形

翻修名鐵美濃町線車輛的880形。
連結部分像是鑰匙孔，真可愛。

200形的車內有對坐式的包廂座。
不但坐來寬敞，也是和朋友促膝談天的好空間。

後方車庫裡，將車輛拆解後重新組裝。

下雨？

走在流經家久站前的吉野瀨川畔，非常舒服值得推薦。

雄偉的車庫入口。由於建築老舊，北府站和車庫都留了過往氛圍下進行了翻修。（照片為翻修之前）

在車庫小憩的車輛們。下次出車是幾時？

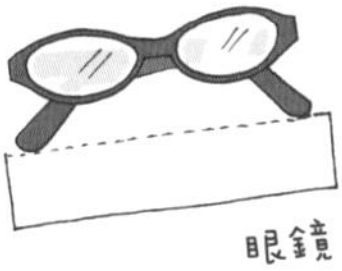
眼鏡

北府駅
野尻医院

行動電話廠商拍廣告時使用的北府站。上映之後據說來參觀的人就多了起來。（2012年翻修完成。和照片中不同）

危険
警報機がジャンジャン鳴っている時は危険です。渡らないで下さい。
福井鉄道

家久站的月台上發現。（照片為翻修之前）

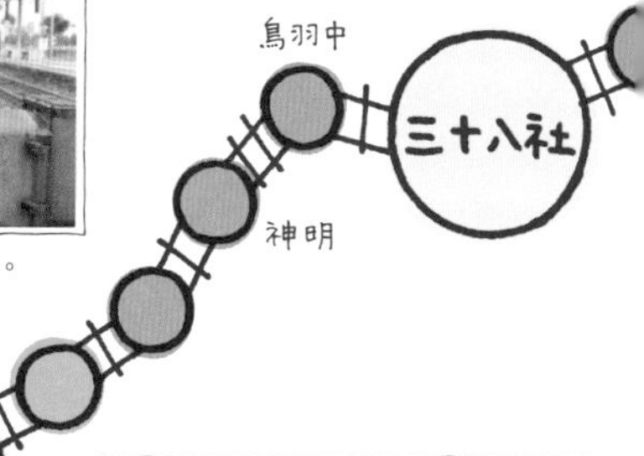
鳥羽中
三十八社
神明

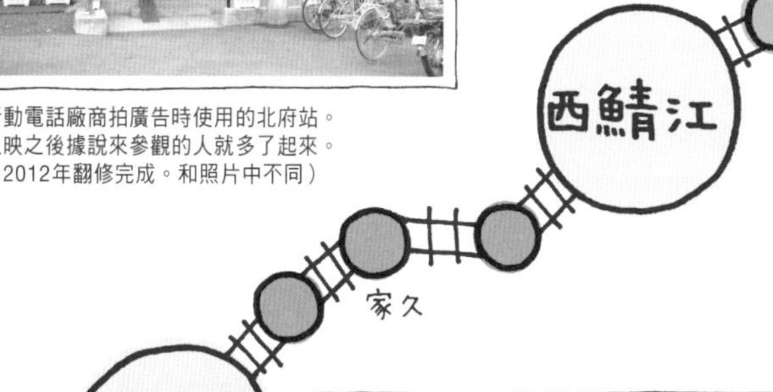
西鯖江
家久

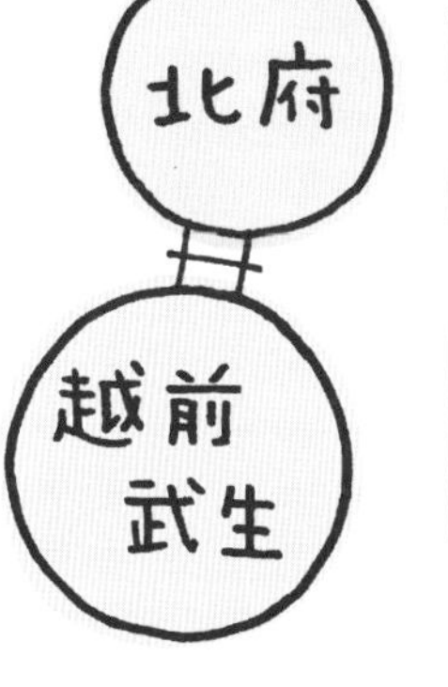
北府
越前武生

悠閒感覺得到療癒的三十八社站。看到就想在月台上深呼吸一下。

2

車輛停靠的是越前武生站，手工作業仔細地洗了車。辛苦你了。

神明
在田中眼鏡
挑選眼鏡

⦿ 感受到福井的大海、原野和山、雪色的車輛

說到福井，第一個會想到的就是眼鏡架著名的產地－鯖江市了。我用了好多年，經過數次削平的砧板，也是福井市生產的。行駛在這有著職人氣質城市的福井鐵道福武線，到底是怎樣的路線呢。滿懷著期待，我出發往福井而去。

走在人們來來往往的商店街裡，目的地是福井駅前電車站。不久，配色清爽而賞心悅目的車輛出現眼前。據說是象徵了福井的大海之藍、原野山巒之綠、雪的白的配色。

我上了駛往越前武生方面的2節車廂組成的一人服務電車，為了看到前方的窗外風光，我坐到了駕駛座附近的座位。其他的乘客則毫不考慮地坐到後面的車廂。為什麼會這樣？電車一到市役所前電車站，司機員就小跑步到後方

名勝 養浩館庭園

的車輛，坐上了相反方向的駕駛座。在確認了路線圖後，發現福井駅前電車站是設在市役所前電車站來的側線上，電車要在這裡轉方向的。原來如此，一人服務車由於在無人站是要由前方車門下車，因此後來在前方的車廂才會這麼有人氣的。

基本上所有的車輛都是一人駕駛的，而上午的尖峰時段，在福井駅前電車站～市役所前電車站之間，會有乘務員上車，進行車票的確認和回數券的販售等工作。

福武線是由福井市的田原町電車站出發，穿過鯖江市駛到越前市的越前武生站。田原町電車站到赤十字前站之間行駛路面，之後前是專用軌道，窗外景色的變化最值得觀賞。

軌道線區間裡，只要門一開踏板就會自動放下的無障礙方式也是特色之一。大致上和JR北陸線平行行駛，停車站卻很多的福武線，應該是沿線居民方便的代步工具了。學校休假的日

子，也常看到社團活動歸來的高中生。車內正是〃青春氣息〃綻放。沿線上有10所高中，平日的早晨，就是各種制服熱鬧非凡的時候了。

⁘ 司機員也心情舒暢的美麗風景

過了浅水站之後，田園風光就像是全景攝影般展現在眼前。遠方的相連山巒、高高的天空，多麼令人神清氣爽的景色呀！

「浅水～三十八社站附近的田園風光，是一段開著車都覺得很舒服的區間」，福井鐵道株式會社的阪下利充先生也掛了保證。

這個區間是絕佳的拍照景點，據說也有許多

國家級的有形文化財　福井市水道紀念館

人來這裡拍照。我當然也不例外，在三十八社站中途下車，在田園中等候著電車。待了一會兒之後，就有清澈的風吹過身體裡面的感覺。

北府站是木造站舍，是福武線上最古老的，經年累月的風格逐漸顯露了出來。福武線的電車站和車站共有25座，有人站有5座。無人站內放鬆自己固然不錯，有人迎來的車站一樣是美妙無比的。

電車要駛進有人站時，看到了站在面對月台的剪票口前的站長。此時，又看到了站長對著到站的電車深深地鞠躬。那種嚴肅和正經，真是美極了。對乘客表示感謝的心情、對司機員和電車的敬意等，都濃縮在那一瞬間。我的內心又再度有著清澈的風吹過，留下了溫柔而柔軟的一些什麼。

沿線上
遇得到的
美味食物們
北府
そば蔵 谷川
蘿蔔泥蕎麥麵
市役所前
ユキライン
市役所前
ヨーロッパ軒
炸豬排套餐
へしこ
是將鯖魚灑上鹽
再以米糠醃漬而成
炙燒へしこ
越前地方的傳統料理

⊡路面電車4569散步 小知識⊡

夏天和冬天都迫不及待，個性派的主題電車

福井鐵道福武線會運行多種多樣的主題列車。在種類多元的主題列車裡，最受歡迎的是「啤酒電車」。夏天一定會有的「啤酒電車」，正因為可以讓身體隨著電車搖晃來飲用啤酒，每年都吸引了大量人潮。原則上7～9月之間，除了盂蘭盆期間之外每天都會營運。此外，12～1月時營運、可以喝啤酒和燒酎搭配烤雞肉串的「居酒屋電車」也值得嘗試。營運情況等需洽詢福井電鐵。

豊橋鉄道市内線

愛知

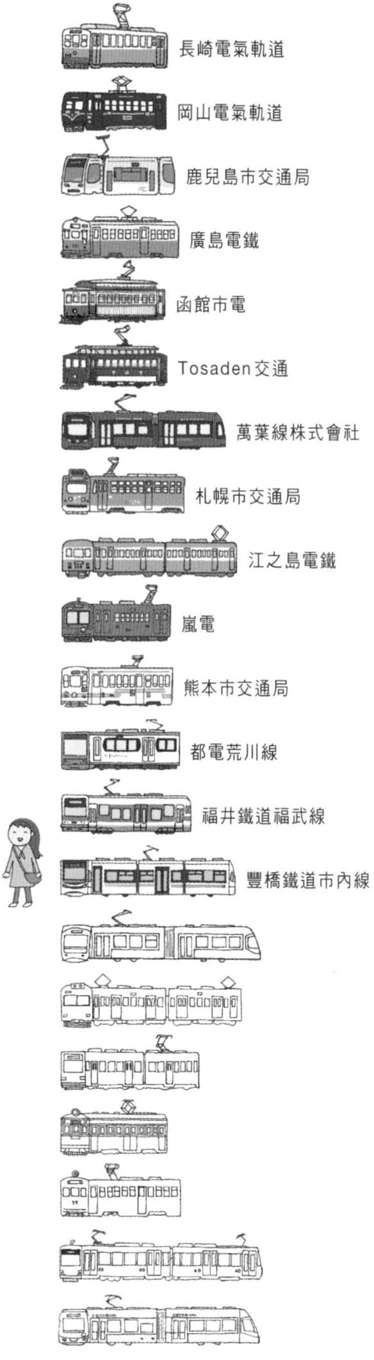
長崎電氣軌道
岡山電氣軌道
鹿兒島市交通局
廣島電鐵
函館市電
Tosaden交通
萬葉線株式會社
札幌市交通局
江之島電鐵
嵐電
熊本市交通局
都電荒川線
福井鐵道福武線
豐橋鐵道市內線

仔細一看，這個人孔蓋上的花紋是
豐橋鐵道市內線的車輛。

「豐橋祭」當天，搖身一變成為花電車的3200形。
攝於赤岩口電車站。

街上的消防栓人孔蓋上，
有著手筒焰火的圖樣。

一上了車就立刻前往
單人座位的男孩子。
應該是很喜歡的座位吧。

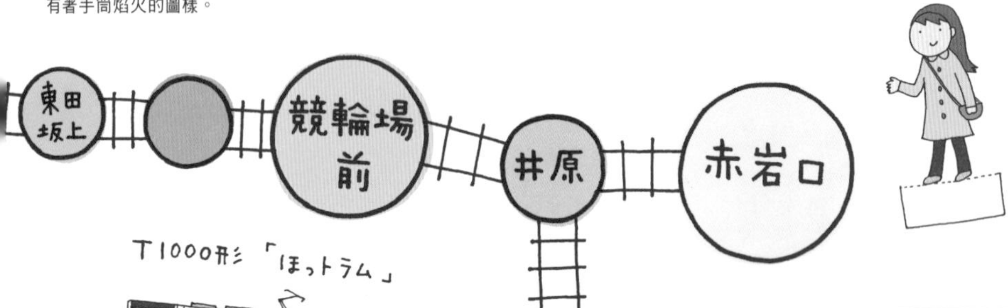
東田
坂上
競輪場
前
井原
赤岩口
T1000形「ほっトラム」

3200形
運動
公園前

在赤岩口車庫休息中的車輛們。
3200形的頭部還裝飾著鮮花。
讓人回想到昨天的「豐橋祭」。

在運動公園前電車站折返的車輛。
一天要開上無數趟，辛苦了。

岩田運動公園後方的水神池周邊，
非常清新宜人。

沿線上居然有3座棒球場！
這座是岩田運動公園內的豐橋市民球場。
運動公園前電車站下車就到了。

可以在渥美線新
豐橋站等地買到
電車快跑！
阿Q迴力車

早上的駅前電車站。「ほっトラム」的暱稱，
來自於「放鬆」和「穗之國」。

由豐橋市役所13樓的免費瞭望室，
豐橋市的景色一覽無遺，
值得去看看。

前畑電車站到東田坂上電車前的軌道，
是從前留下來的石板路。
可以拍攝到懷舊的照片。

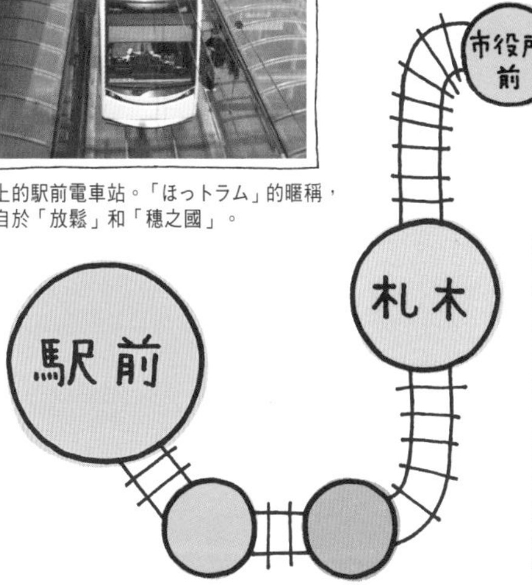
駅前
札木
市役所前

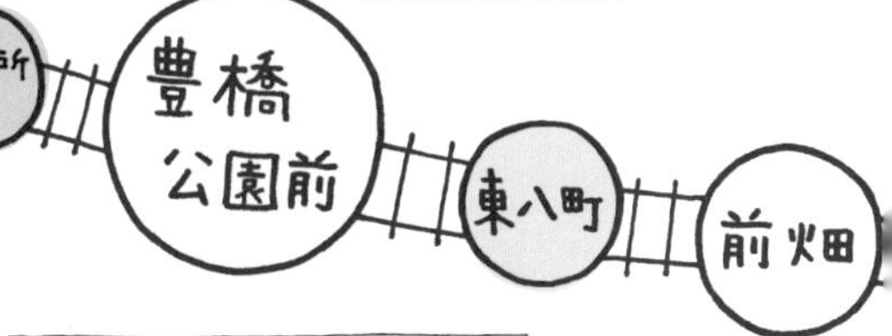
豐橋公園前
東八町
前畑

札木電車站下車遊逛。吉田神社裡，
在超過400年歷史的祇園祭裡，
會施放手筒、大筒焰火。每年7月舉行。

手筒
焰火師

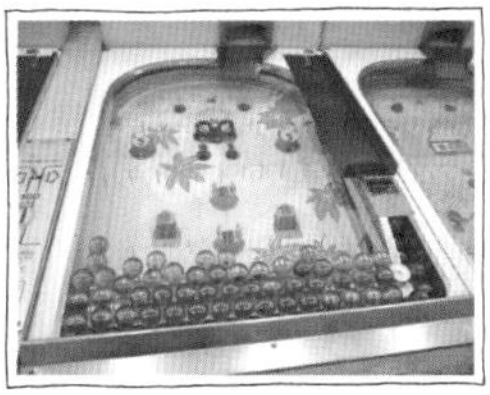

前往駅前電車站附近的豊橋ときわ通り
商店街。第一次玩彈珠遊戲就上癮了，
彈珠不斷跑出來！

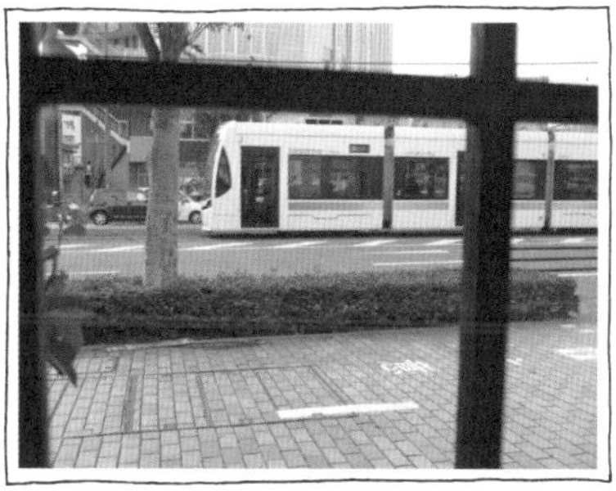

看著窗外的路面電車喝著茶。
攝於以鬆餅聞名的店家『三愛』。

札木
三愛 柳橙
鬆餅

在吉田神社境內發現的
手筒焰火。真想實際看看
焰火噴出時的模樣。

駅前電車站到東八町電車站之間
電線桿都已經立在路中央了
駅前
ワンマン
駅前
786
日の丸薬局

⊡ 市區中緩速前進，笑容洋溢的路面電車

愛知縣渥美半島的東部是豐美肥沃的地區，因此從前就有「穗之國」的美名。也屬於這個地區一部分的豐橋市，江戶時代時以住宿驛站（吉田宿）發展起來。豐橋鐵道市內線行駛過去的宿場町，是市民的貼心交通工具。現在不知是否仍然感受得到當時的氛圍？

造訪時正好碰上了一年一度的「豐橋祭」舉辦的日子，駅前電車站裡長長的人龍在等候著電車。月台上停著全身包覆著各色鮮花的花電車。我自行解釋是熱烈的歡迎我，就鑽進了客滿的電車。開往祭典會場的車內很熱鬧，看到的都是笑容。

幾乎全部的乘客都在豐橋公園前電車站下了車，車內一下子就靜了下來。駅前電車站到東八町電車站之間，平行行駛的汽車數量尤其

花圃過去就是路面電車行駛的
東八町交叉路口

多。在速度快的車輛包圍中，路面電車甚至讓人感到不耐煩般地慢速。軌道在井原電車站分為二股，終點分別是赤岩口電車站和運動公園前電車站。

我決定去運動公園散散步。公園裡慢跑流著汗的人、鋪著布在地上吃著便當的家人等形形色色，園內四處傳來笑聲和加油的聲音。折返駅前電車站的電車裡，途中的電車站擠進了大量參觀完祭典的人群，回程和去程一樣，車內洋溢著笑容。豐橋市的人們，應該是富有「祭典精神」的一群人吧。

「ほっトラム」的車內
有著非常明亮的感覺

豐橋市公會堂　國家級登錄有形文化財

寧靜的早晨。悠閒的日常模樣

第二天早上的駅前電車站不見長長的人龍，平靜的令人吃驚。

「昨天人真的太多了呀」

隔壁的伯母開口說了話，便聊了起來。當她知道我來自遠方，便告訴我說，平常時間就是這麼悠閒地哦。

市內線有著強烈的貼近當地民眾生活的印象，最吸引我目光的是，名為「市電回程車票」的服務。豐橋鐵道株式會社的大野公靖說明這項服務，「只要在沿線的商店街購買超過固定金額時，就會贈送回程車票的服務」。

我在札木電車站下了車，要來尋訪吉田宿的風貌。看到了幾棟有著古老感覺的建築，但是走在林立的民宅之間時，又再度感受到時代的脈動。在歌川廣重的版畫《東海道五十三次・吉田》裡，看得到吉田城彼方的豐川和吉田大

流經吉田城下的豐川

橋。現在，橋的名稱已改為豐橋，汽車往來交錯。和畫作用相同的角度觀賞風景，心裡出現的是奇特的感覺。

進了吉田神社參觀，發現到「手筒花火發祥之地」的石碑。看到煙火的照片，被那壯盛的的感覺衝擊到。每年，在豐橋市內的神社和公園裡，都可以就近觀賞到傳統的手筒煙火。

還有，每逢尾數是3和8的日子，就會在前畑電車站附近舉辦「三八市集」，另外豐橋市內每天都會在不同的地方開設晨市。不論是晨市或是手筒煙火，如果只有當地人能欣賞到就太可惜了。只要能夠溜進這些日常生活裡，那這些都會是自己的。

大型卡車的後方，路面電車緩慢地露出臉來，今天也是不急不徐地按照自己的配速來行駛，而且，相信他也是滿心期待著下一個祭典的來到。

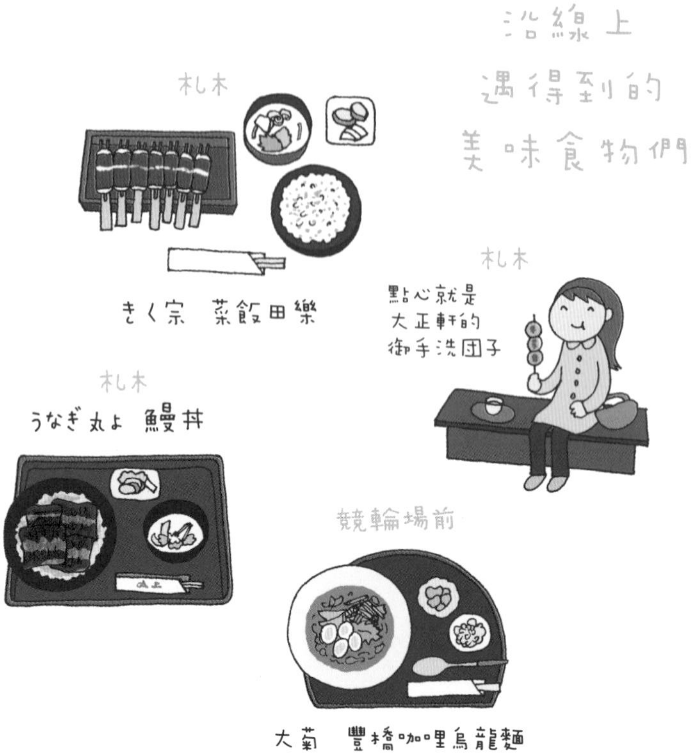
沿線上
遇得到的
美味食物們
札木
きく宗　菜飯田樂
札木
點心就是
大正軒的
御手洗団子
札木
うなぎ丸よ　鰻丼
競輪場前
大菊　豐橋咖哩烏龍麵

回路面電車4569散步　小知識回

冬天的飲酒會就是「おでんしゃ」！

搭乘電車時享用熱乎乎的「關東煮（おでん）」，名稱就叫「おでんしゃ」，秋天～初春之間營運。除了「おでん」之外，生啤酒喝到飽再加上卡拉OK更令人欣喜；同時，夏季也會營運「納涼啤酒電車」。二者都是預約制，運行狀況等詳情都需洽詢豐橋鐵道。

要輕鬆地遊逛，則可以購買成人400日圓、兒童200日圓的「1DAY FREE PASS」。也是用來到處吃豐橋咖哩烏龍麵的良伴。

富山ライトレール

富山

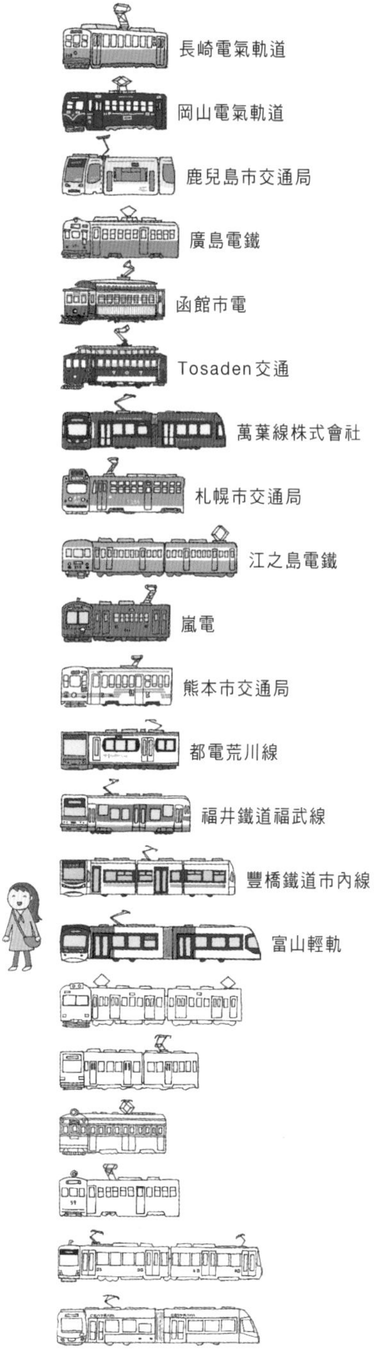
長崎電氣軌道
岡山電氣軌道
鹿兒島市交通局
廣島電鐵
函館市電
Tosaden交通
萬葉線株式會社
札幌市交通局
江之島電鐵
嵐電
熊本市交通局
都電荒川線
福井鐵道福武線
豐橋鐵道市內線
富山輕軌

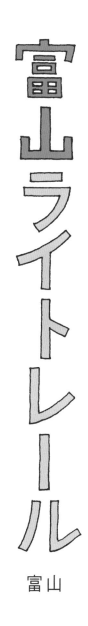

除了功能性良好之外，外觀也十分出色的「PORTRAM」，曾榮獲鐵道友之會藍絲帶獎和優良設計獎。

坐輪椅的朋友也順利上車。
無障礙設計讓人們常懷體貼之心。

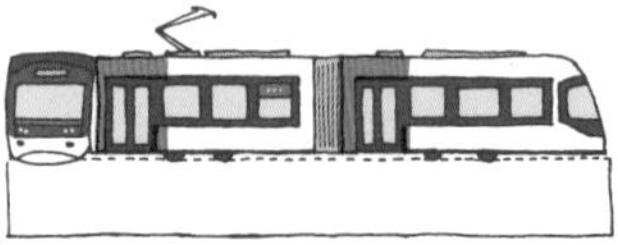

PORTRAM TLR 0600形

岩瀨運河旁的水邊散步道上發現魚兒！

有著歷史悠久街區的岩瀨地區，
最適合輕鬆遊逛。還有美味的店家哦！

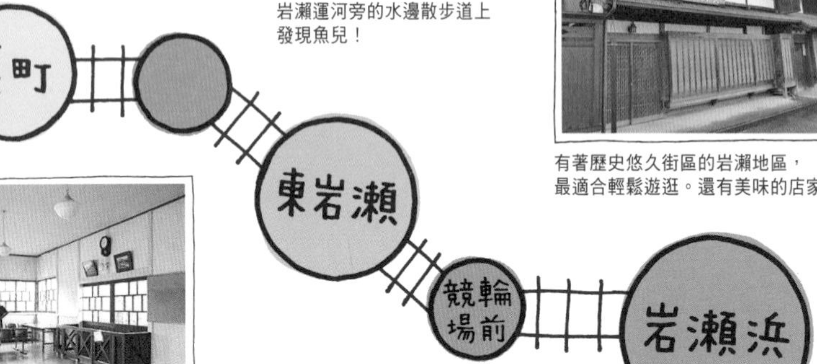

JR富山港線時代使用過的東岩瀨站木造站舍保存至今。

在岩瀨浜站和蓮町站下了「PORTRAM」後，可以轉乘「FEEDER BUS」。照片攝於岩瀨浜站。

PORTRAM 的
搭乘感覺舒適

螢光烏賊

富岩運河環水公園的展望塔間裡，
居然可以用傳聲筒講電話呢！

PORTRAM

城川原車輛基地入口處，貼有過去彩繪
電車上使用過的貼紙，色彩繽紛熱鬧。

下一班PORTRAM什麼顏色？

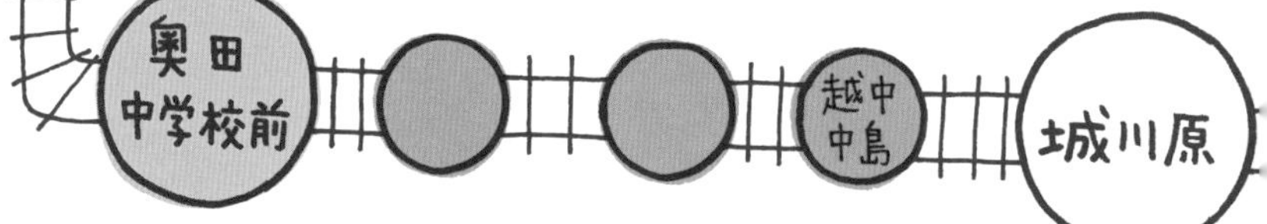
富山
駅北
奥田
中学校前
越中
中島
城川原

滿是社團活動結束後回家的中學生
奥田中学校前電車站。朝氣蓬勃。

城川原車輛基地裡維修中的「PORTRAM」。
要開出的是哪一種顏色的車輛，
據說在前一天下午才會確定。

MAP

電車快跑！
PORTRAM 阿Q迴力車
有7種顏色

TOYAMA LIGHT RAIL SUPPORTER
地域の発展と
幸せを祈念して。

每一個紀念盤都包含了
所有人的熱情。

服務員小姐禮貌地進行車內廣播。
城川原站的乘務員交班也具可看性。

「PORTRAM」看起來就像是玩具一樣。

「椅子捐贈」是每1個椅子5萬日圓的
紀念捐款下完成的。另外，椅子是
折疊式的，功能性佳。

天氣晴朗時，立山連峰就在背後展開
岩瀬浜站下車，岩瀬カナル會館附近

富山市民心情灌注的路面電車

在白雪靄靄的立山連峰背景中行駛的富山輕軌，行駛區間是富山駅北電車站到岩瀬浜站之間，使用的是日本首見的正統LRT（新世代型路面電車系統）。由於成功地在沿線打造出小而美又兼具住宅和商業等的都市功能，吸引了日本各地和國外的考察團到訪。

造型先進的低底盤車輛「PORTRAM」駛進了富山駅北電車站，車內有大車窗具有開放感，柔和的光線令人舒暢。日光燈的半間接照明等，照明的處理上也極為講究。軌道區間的富山駅北電車站到奥田中学校前電車站之間行駛路面，接下來直到終點的岩瀬浜站都是鐵道區間，氛圍上有很大的變化。

過去，行駛富山站到岩瀬地區的JR富山港線，當高度成長期過後乘客減少，面臨了廢線的危機，但是在2006年時重生為富山輕

2種不同的電車前端 奧田中學校前電車站

軌，以重建區域為目的。看到了電車站，就可以一目了然於當地企業和民眾對於富山輕軌的大力支持。有些地方是設置了將寫有捐贈者留言的紀念盤鑲在椅子上的「椅子捐贈」，有的是市內企業贊助很具個性的牆壁電光板，裝飾了各個電車站。聽說當電車公司一呼籲，馬上就匯集了各方的支援，因此可以想見居民對於富山輕軌有多大的期待了。

「PORTRAM」在一直保持著舒適的乘坐性之下，抵達了岩瀨浜站。蓮町站和岩瀨浜站裡，可以轉乘路線巴士「FEEDER BUS」。巴士行駛於富山灣旁的住宅區等區域，對於無法開車的長者和學生，應該更是重要的代步工具才對。

岩瀨地區是個留有建於明治時代的民宅，極富風情的街區。渡船生意的全盛時期，應該是相當熱鬧才對。現在則是寧靜的街區，可以恬適的心情遊逛。品嘗美味的餐點，沒有目的地逛著小巷弄，神社也一間間地逛過。在有著小船的河畔小憩時，看到了行經橋上的「PORTRAM」英姿。走著覺得吹在臉上的冷風很舒服之下，回到了岩瀨浜站。

車內洋溢著不做作的溫柔

擠滿社團活動結束後回家中學生的車內，抱著超市購物袋的年長女性，眼神安穩望著窗外。富山輕軌株式會社的員工告訴我，「長者不必倚賴汽車，可以一個人外出買東西了」。營運班次多於過往的JR富山港線，候車時間也減少，而且「FEEDER BUS」的存在也極為重要。

散步的休息可以選在富岩運河環水公園。
還設有咖啡廳。

富山輕軌是日本第一家全面引進低底盤車輛運行的公司。當我在某處電車站，看到坐輪椅的朋友沒有人幫助就順利上了車時，真的很驚訝。

10時到15時之間的時段，每個整點由富山駅北電車站開出的車輛，有服務小姐搭乘，負責的工作是車內廣播、上下車輔助、觀光介紹等。這個人在車上，除了增添車內的熱鬧之外，也讓乘客放心。工作結束後，對著駛離的電車深深一鞠躬的姿勢，真是美極了……。

富山輕軌真的是無懈可擊，沒有浪費、精心而小巧的空間裡洋溢著溫柔，而且就像是理所當然般地不做作。當地就有人說過，「路面電車的速度感本身就是人生」。如果只是趕著時間，就會漏掉風景和溫暖的關懷。第一次搭乘的「PORTRAM」，給我的感覺不是躍動的快樂心情，而是滿滿的放心與安心。

富山港展望台是参考附近
金刀比羅神社境內
常夜燈的外形打造的

越中中島
競輪場前
沿線上
遇得到的
美味食物們
大塚屋
三角銅鑼燒
パティスリーDelice
餅乾蛋糕
"チャイでござる"
的印度奶茶
岩瀬浜
司康
紅茶の店
アナザホリデー
競輪場前
丹生庵 竹簍涼麵
岩瀬浜
COMMON 天下堂
COMMON 香辣咖哩
御菓子司 清進堂
富山輕軌最中餅
富山駅北電車站的
PORTRAM商店等地
可以買到
7輛(7色)
入!
最中餅裝入
輕軌外形的盒子裡
白恵美酒 幸寿し
白恵美冰淇淋
在岩瀬浜電車站
附近的岩瀬カナル
會館等地享用
可以在
各種店家
享用這道菜
螢光烏賊沖漬

⚀路面電車4569散步 小知識⚁

不同季節都可以享受到的彩繪電車

色彩繽紛的7色「PORTRAM」，會按照季節的主題大變身，開行令人愉悅的彩繪電車。快到情人節時，會運行情人節電車（1輛）。此外，沿線的高中女生之間，也有個只要搭乘紅色的「PORTRAM」戀愛就會有成的都市傳說！最適合遊逛的票種是「富山まちなか岩瀬1日フリーきっぷ」（1日乘車券）。除了富山輕軌之外，還能夠自由搭乘地鐵市內電車和地鐵巴士（富山駅前起的280日圓區間）。

京阪電気鉄道大津線

滋賀・京都

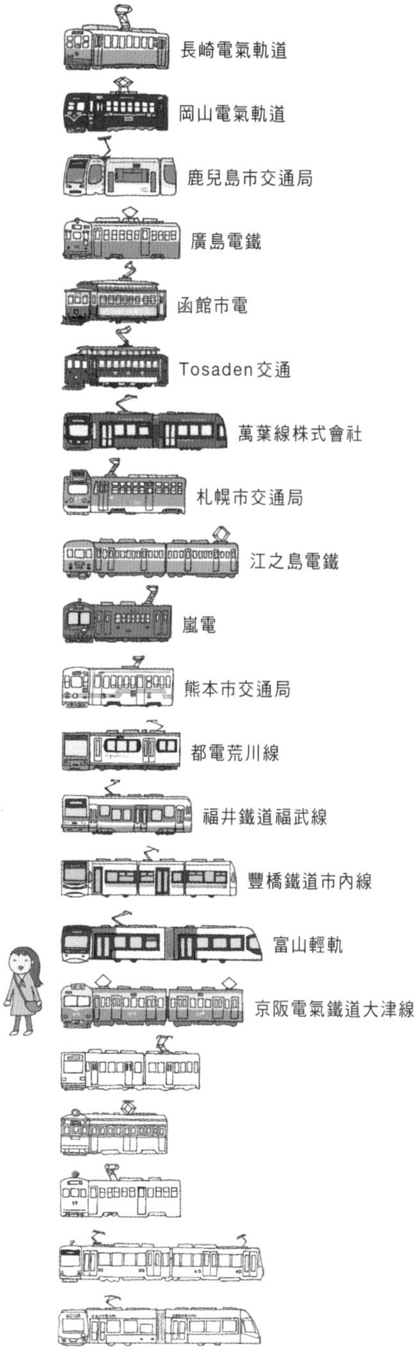
長崎電氣軌道
岡山電氣軌道
鹿兒島市交通局
廣島電鐵
函館市電
Tosaden交通
萬葉線株式會社
札幌市交通局
江之島電鐵
嵐電
熊本市交通局
都電荒川線
福井鐵道福武線
豐橋鐵道市內線
富山輕軌
京阪電氣鐵道大津線

浜大津站附近的『三井寺力餅本家』裡，
可以觀看布簾後方的路面電車，
同時享用力餅。

浜大津

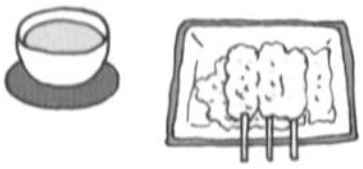

三井寺力餅本家
力餅和茶的套組

月台椅子上的布墊，
據說是沿線老人俱樂部的捐贈。
心裡暖洋洋地。

600形、700形的彩繪電車，
都有固定的運行時間。
詳情請參考官網。

浜大津站開出的京阪特急色600形列車。
為了慶祝大津線開業100周年，而塗裝上只在
京阪本線行駛的特急車輛8000系的塗色。

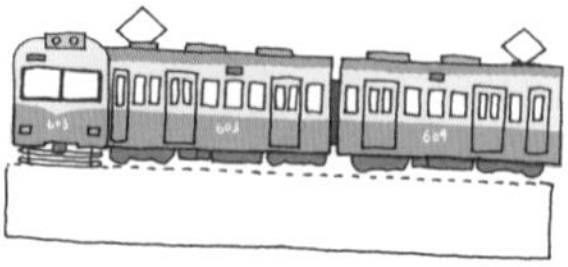

600形

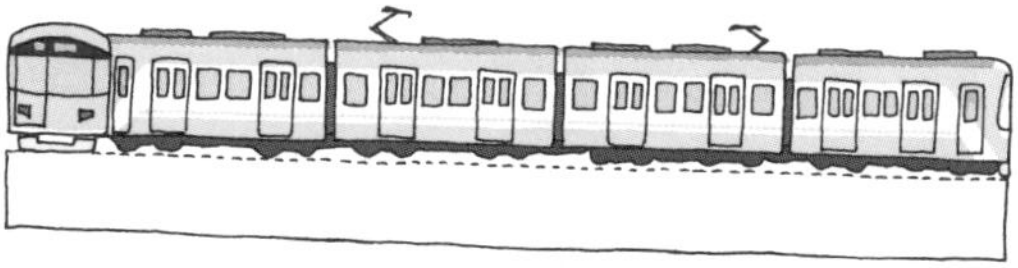

800系

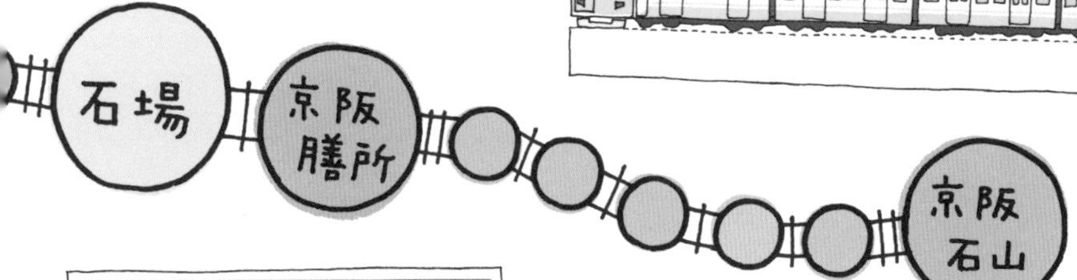

成為路面電車駛向浜大津站的800系電車。
駕駛席後方，就是更可以欣賞到窗外變化的特等席。

大津繪
「鬼之寒念佛」

坂本住宅區裡看到的小小祠堂。
到底祭祀著什麼樣的神祇呢？

變身為和坂本電纜車相同塗色的600形。
紅色十分醒目的時尚派設計。

坂本
松ノ馬場
滋賀里
近江神宮前
三井寺
浜大津
上栄町
大谷
御陵

日吉大社
神猿籤
籤詩就放在
裡面哦！

坂本地區到處都看得到名為
穴太積的石牆，
中學生們就在這些石牆間上下學。

抽中的籤是半吉…

據說滋賀縣「飛び出し坊や」
人形立牌的普及率日本第一。

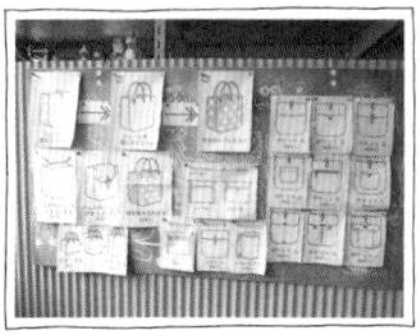

在『キャラバン』裡，可以
指定布料和形狀，訂做專屬
自己的帆布包。

在浜大津站～三井寺站的鐵路旁、
大樓2樓的帆布包工坊
『キャラバン』看到的風景。
還設有可以觀看路面電車，
同時喝些飲料的空間。

在キャラバン
訂做
手工包包

過去服役在京津線的80形。
如今保存在車庫內。

由於車站在斜坡上，
椅腳長度不同的大谷站內椅子。
像是視覺陷阱畫一般。

漬物老店『八百与』的漬物風味絕佳！
小倉夫妻的笑容也很迷人。浜大津站
下車，菱屋町商店街內。

青空下，在車庫裡休息中的600形

行駛地下、山區、路面的超級電車

請容許我在這裡詠上一首詩。

「これやこの 行くも帰るも 別れては 知るも知らぬも 逢坂の関」（離開京城的人和回到京城的人，不論是熟人或素不相識，大家都在這裡分別，也在這裡重逢，這就是有名的逢坂）對，這是『小倉百人一首』的蟬丸之歌。很丟臉的是，我一直都誤將這「逢坂」當作「大阪」，這次才知道原來是滋賀縣的「逢坂」。過去曾是東海道關所的這一帶，現在是公路和鐵路並行，人們已經可以毫不受拘束地移動了。

京阪電車的御陵站〜浜大津站之間的京津線，以及石山寺站經過浜大津站到坂本站的石山坂本線，合稱為大津線。京都市營地下鐵東西線可以直通運行，御陵站之後行駛京津線，因此由京都出發的交通也方便多了。

清爽塗色的琵琶湖色800系車輛為4節車

浜大津站前的交叉路口折曲的
800系車輛 像蛇一樣長！

廂。前頭車是向前方的雙人座，而中間車廂則是面對面的長條座椅，我毫不考慮就坐進了雙人座。京阪電氣鐵道株式會社的員工說道，「800系的車輛，是行駛路面區間的路面電車，穿越逢坂山的山區火車，又變身為潛入地下的地下鐵，可說是〝超級電車〞哦」。

800系的雙人座椅

的確，超級電車這種說法一點不假。過了御陵站，車輛一從地下探出頭來時，車窗就出現了外面的世界，不知不覺已進入逢坂山中。大谷站到上栄町站，是有千分之61的陡坡區間，彎道也多，就像是搭乘慢速的雲霄飛車般的感覺。電車過了上栄町站之後，又一變而成為了路面電車，車窗的變化十分可觀。京津線的上栄町站～浜大津站之間，以及石山坂本線的浜大津站～三井寺站，就是大津線的路面電車區間。

石場
琵琶湖湖畔的散步，
可以讓心情舒暢愉快
啊、船！

得到琵琶湖恩惠的電車

浜大津站的月台上，轉乘到顏色鮮豔的彩繪石山坂本線的車輛。彩繪電車分為廣告和與當地人士企劃的車輛，愉悅著人們的視覺。在石場站下車，走了些路後，琵琶湖便出現在眼前，不由得發出讚嘆的聲音。悠閒地進用午餐後，就展開湖畔的散步。湖畔這詞，總覺得發音很優雅。湖和海及河又都不一樣，有著它獨特的氛圍。它不會讓你興奮，而會是完完全全的平穩恬適氛圍，這有很特別的感覺。

石山坂本線沿線上，有許多神社佛閣，全日本聞名、舉辦百人一首「競技紙牌名人賽、皇后賽」的會場近江神宮也在沿線上。據說紫式部就是在石山寺裡長住祈福時，構思出『源氏物語』架構的。我也到「源氏之間」前合手祈禱，希望能夠寫出夠出好的稿子。另一方面，終點的坂本站周邊則有日吉大社，歷史悠久的拜殿裡也感受到了神明的力量，於是貪心一點地又祈禱了一番。

滋賀里站到松ノ馬場站之間，前方右側可以看到琵琶湖，據說也是眾多司機員最喜歡的區間。遠遠看到的琵琶湖，光輝而閃亮。清新的湖水藍和空氣，像是完全地滲入了體內。住在滋賀縣的朋友說「滋賀住起來很舒服」的理由，我自己覺得是不是就在說這件事呢。

走在浜大津的商店街裡，忍不住出手買了東西，手上的行李也增加了。和我住的地方不同的是魚販，賣的淡水魚種類很多。真覺得這個地方得到的琵琶湖恩惠，多到令人羨慕。

再度搭乘了超級電車，往回程走。800系據說一進入地下鐵東西線區間，就會轉成自動駕駛，真是徹頭徹尾的超級電車。

神社佛閣的遊逛，以及逛商店街等大津線的遊逛，我覺得是很適合女生結伴同行的。心想著下次一定要邀好友同行時目光移向車窗時，超級電車已經駛入黑暗的地下，一變而成為地下鐵了。

舊大津公會堂裡，有4家不同的餐廳。

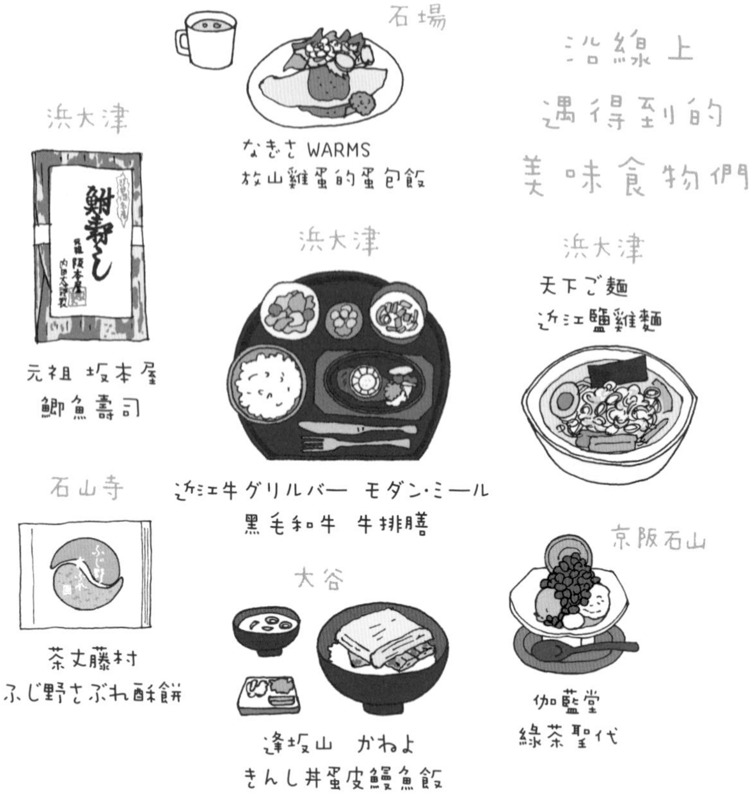
沿線上
遇得到的
美味食物們
石場
なぎさ WARMS
放山雞蛋的蛋包飯
浜大津
元祖 坂本屋
鯽魚壽司
浜大津
近江牛グリルバー モダン・ミール
黒毛和牛 牛排膳
浜大津
天下ご麺
近江鹽雞麵
石山寺
茶丈藤村
ふじ野さぶれ酥餅
大谷
逢坂山 かねよ
きんし丼蛋皮鰻魚飯
京阪石山
伽藍堂
綠茶聖代

路面電車4569散步 小知識

琵琶湖之外還有眾多景點的大津線

能夠和當地人交流的晨市，十分值得前往。每月第3週日時，京阪浜大津站大樓前廣場裡，會舉辦「浜大津こだわり朝市」，而石山寺的門前市集「石山観音牛玉（ごおう）さん」，則在每月18日舉行。划算的車票，有「湖都古都・大津1日票」「京都地下鐵、京阪大津線1日票」「京都嵐山・琵琶湖大津1日票」等。石山坂本線上，每年夏天會運行「ビール（啤酒）de電車」，冬天時則有「おでん（關東煮）de電車」。營運的詳情請在官網確認。

筑豊電気鉄道

福岡

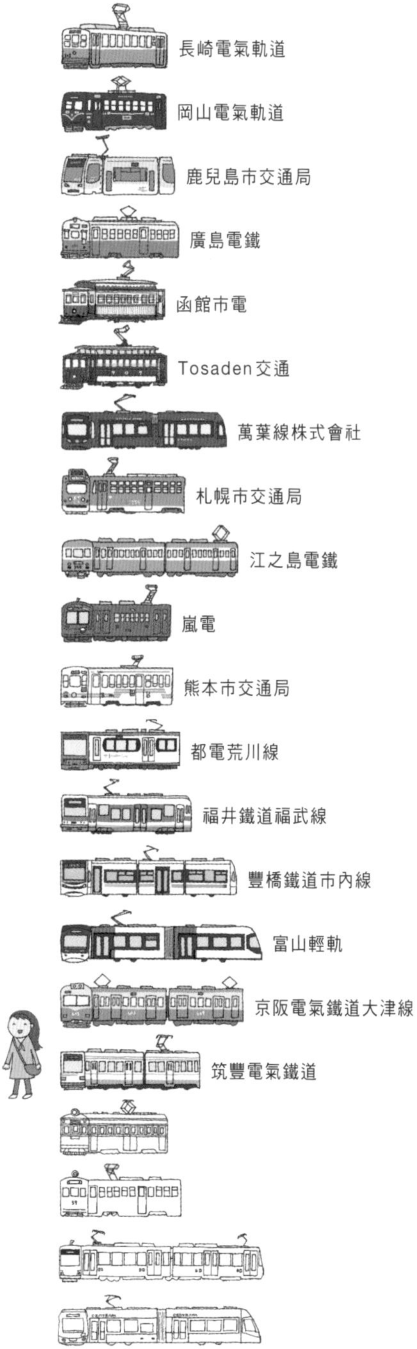
長崎電氣軌道
岡山電氣軌道
鹿兒島市交通局
廣島電鐵
函館市電
Tosaden交通
萬葉線株式會社
札幌市交通局
江之島電鐵
嵐電
熊本市交通局
都電荒川線
福井鐵道福武線
豐橋鐵道市內線
富山輕軌
京阪電氣鐵道大津線
筑豐電氣鐵道

2000系的頭燈就像是圓圓的眼睛一般。
互看對方的車輛們。

電車渡過筑豐直方站～感田站之間、架在遠賀川上的長長鐵橋時，有著十分舒暢的景觀。相反地，由堤防看電車也很棒哦。

木屋瀨站附近的舊高崎家住宅（伊馬春部出生地），是江戶時代末期的宿驛建築。

煤礦坑
勞工

楠橋站停車中的紅色電車，
像是女孩子一樣，很可愛。
不同的車體顏色，
讓人可以轉換心情。

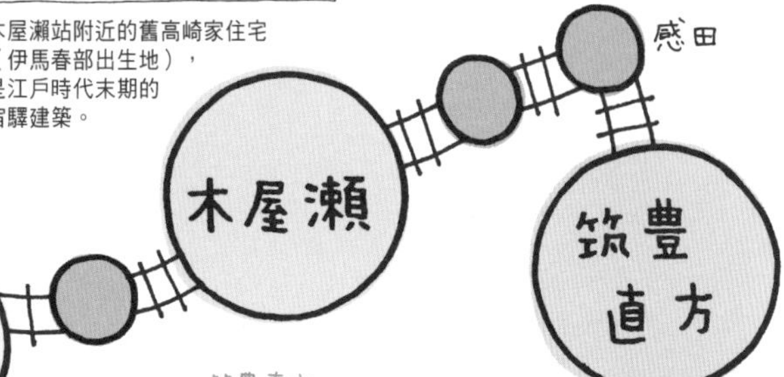
感田
筑豐
直方
木屋瀨
楠橋

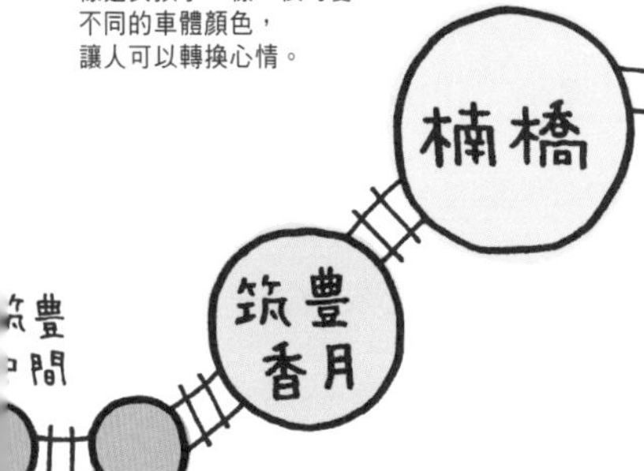
筑豐
香月

筑豐直方
在アートスペース
谷尾喝杯咖啡

筑豐直方站下車。使用舊福岡銀行直方南支店的『アートスペース谷尾』內，可以欣賞世界的玻璃器皿和享用咖啡。彩繪玻璃極為精美。

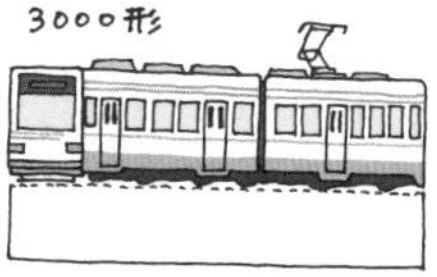
3000形

筑豐中間站裡摸著3000形車輛頭部的司機員。
充滿了愛情……。

2000形

黒崎駅前

回家尖峰時段的黒崎駅前站。就算很疲倦了，只要看到可愛的電車還是能獲得療癒！?

熊西

黒崎工廠裡數不盡的零件！
維修人員腦子裡記清楚
什麼零件放在哪裡，
這才叫人驚訝。

在上車服勤之前，先誓言要安全運行的司機員和車掌。帥透了！

永犬丸

西山

通谷

要前往據說對女性腰下疾病靈驗的「榊姫神社」，應在永犬丸站下車。據說從前，還有從直方走路前來參拜的女性。

仔細而貼心的車掌。
現在正進行車內播音。

抵達綠意盎然西山站的2000形車輛。
山坡上看下來的電車就像是玩具一般。

由這裡拿取整理券。
各站的月台上都設有。

筑豐直方

終點站筑豐直方站
可以看到遠方連綿山巒的剪影

行駛過去是煤礦城鎮的電車

筑豐電氣鐵道的簡稱〞筑鐵〃，行駛的是過去曾因煤礦而繁榮的區域。只知道電影中煤礦城鎮的我，抱持著對看到真正棄土山（將採煤礦時會出現的廢石聚集一起形成的山）的期待，一路前往了福岡縣。

微暗的黑崎駅前站的月台上，停放著3000形的2節連結列車。「本列車即將開車」，在車掌的播報聲中急忙上了車。車掌由車內的一端走向另一端，開始服務乘客。肩背的黑色皮製束口包很好看。車掌負責車內播音、上下車門的開關，以及收取車資和找零錢等，看起來真的很忙。筑鐵在上車前需在車站月台上拿取整理券，下車時再據以支付車資。當地的人或許已經很習慣了，總是快速而漂亮地下車離去。

筑鐵以33分鐘，行駛黑崎駅前站到筑豐直方

ピアスペース のーていす 木屋瀬
可以吃到有益身體的餐點

之間的16公里區間。但是卻沒有行駛路面，那又為什麼屬於火車的筑鐵會被選上這次的〝散步電車〞裡呢？

答案就是筑豐電氣鐵道株式會社車輛組長說的這段話，「2000形車輛，過去曾經在北九州市和福岡市內，行駛過路面電車喲」。

總之就是有懷舊外形的2000形，以彩虹的感覺將車輛分開塗色。古老的色澤和圓圓的頭燈很是可愛。筑鐵的車輛全部是低底盤式的連結列車，可以用路面電車的感覺來搭乘。

那麼，煤礦城的影子呢……，我注意著車窗外，但沒看到廢土山，只看到了住宅和大樓林立而吃了一驚。正當感到在樹林裡的西山站可以撫慰心靈時，馬上又出現了住宅區，窗外的變化多端很是有趣。不久，列車經過筑豐香月站後，兩側窗外就盡是美麗的田園風光了。

在木屋瀬站下了車，這是曾在江戶時代繁榮過的驛站，是長崎街道的筑前六宿之一。到處

筑豐
直方

電車在花草風景裡前進
筑豐直方站附近的堤防上

都留有驛站的風貌，是個有許多神社佛閣，氛圍獨特的城市。

筑鐵沿線上，有許多視野良好的堤防，拿著相機登上堤防的斜坡後，有一位先來的男士已經架好了大台的相機。在等候電車時，不知是不是我的動作奇怪，惹得散步中的柴犬叫了起來。狗狗奔跑在草原上，心情很好似地以背部摩擦地面，露出肚子像是非常快樂的樣子。

平穩的筑鐵車內誘人打起瞌睡

在終點的筑豐直方站下車，逛逛直方懷古城。直方谷尾美術館裡，正好在舉辦描繪煤礦風景的企劃展，畫布上畫著煤礦住宅和廢土山等。接著，位於高地上的直方市石炭紀念館裡，室內的展示品正可以了解當時的工作和生活。

筑鐵的相關歷史也很豐富多元。筑鐵在黑崎

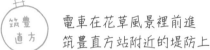

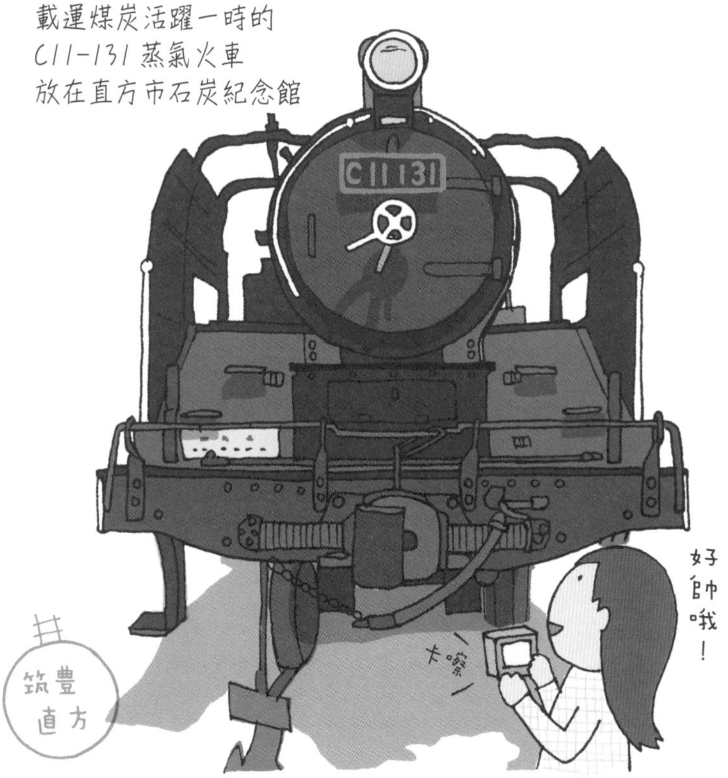
載運煤炭活躍一時的
C11-131蒸氣火車
放在直方市石炭紀念館
C11131
好帥哦！
卡嚓
筑豐
直方

駅前～熊西之間使用的西鐵北九州線這條軌道路線，除了過去折尾電車站到門司電車站之間北九州本線之外，再加上枝光線、戶畑線、北方線等，規模極大。除了留下了筑鐵部分的路線之外，其他都已經廢除。此外，筑豐直方站也曾有計劃將路線延伸到博多，但最終沒有實現。高度成長期的煤炭需求不振導致的不景氣，以及汽車社會的到來都是原因之一。曾經因為煤礦而盛極一時的地區，如今已換上了悠閒的面貌。據說通谷站周邊有一個因為礦坑塌陷而出現的水池，但現在已成為了購物中心，完全沒留下任何踪影。原來筑鐵是一直看著城市的轉變到現在的。

在充滿和煦陽光的車內，不由得打起了呵欠；筑鐵是個最適合打個小瞌睡的電車。搖晃的感覺、車內的空氣、配置車掌的放心感，就算睡死了，車掌一定會溫柔的叫醒你，放心放心。

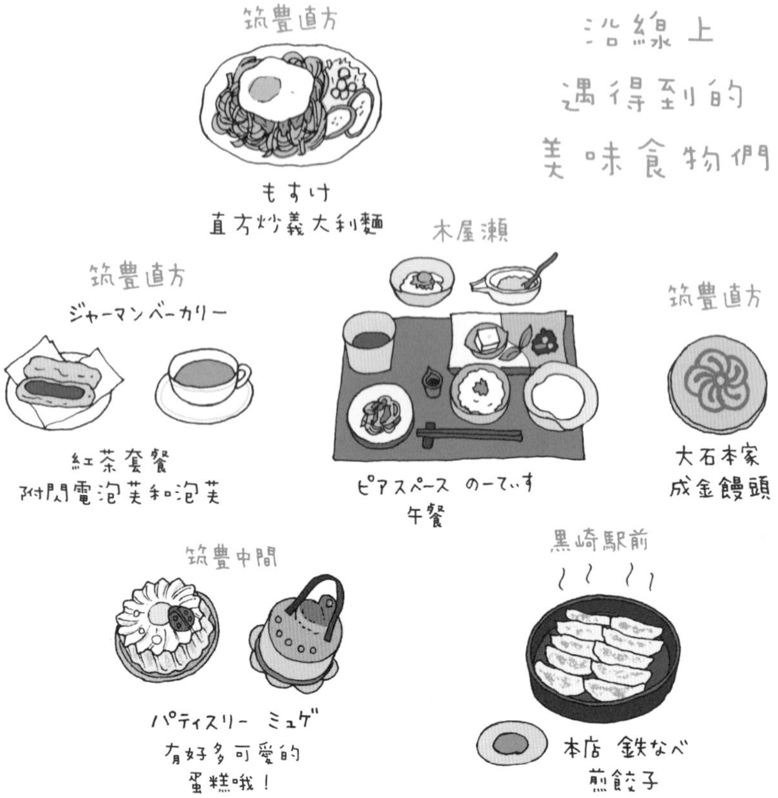
沿線上
遇得到的
美味食物們
筑豐直方
もすけ
直方炒義大利麵
木屋瀨
ピアスペース のーてぃす
午餐
筑豐直方
ジャーマンベーカリー
紅茶套餐
附閃電泡芙和泡芙
筑豐直方
大石本家
成金饅頭
筑豐中間
パティスリー ミュゲ
有好多可愛的
蛋糕哦！
黑崎駅前
本店 鉄なべ
煎餃子

路面電車4569散步 小知識

搭乘筑鐵悠閒遊逛

除了設有自動售票機的黑崎站之外，其他的車站都是拿取整理券上車。車內會有車掌找零，但5000日圓、1萬日圓無法找零，請注意。下車時，請將整理券和車資一起交給車掌，所有的車站都是無人站。備有筑鐵各站～通谷站的車票和可以搭乘通谷電車站到福岡（天神）巴士的「ちくバス天神きっぷ」（筑巴士天神票；單程1130日圓）車票。2000形在不同的日子會以不同顏色的車輛行駛，敬請期待！

阪堺電気軌道

大阪

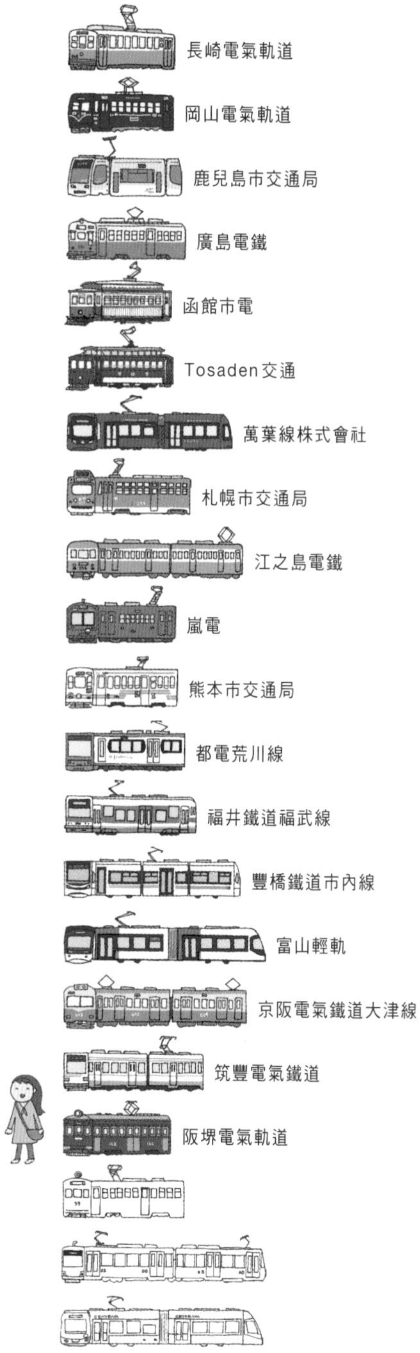

長崎電氣軌道
岡山電氣軌道
鹿兒島市交通局
廣島電鐵
函館市電
Tosaden交通
萬葉線株式會社
札幌市交通局
江之島電鐵
嵐電
熊本市交通局
都電荒川線
福井鐵道福武線
豐橋鐵道市內線
富山輕軌
京阪電氣鐵道大津線
筑豐電氣鐵道
阪堺電氣軌道

看到可愛的熊貓電車
心情就快樂了起來。

接下來
要在哪裡
下車呢…

づぼらや
珍味てっちり
ふく料理専門
日本のまつ横綱

在惠美須町停留場下車遊逛，是通天閣周邊的
最具大阪代表性的風景。就算早就知道，
但還是忍不住一直按下快門。
許多炸串店集中在此，
都不知道要去哪一家
吃才好。

住吉駛往天王寺駅前的電車。

161形的車內有著復古的內裝。
牆壁的綠色和座椅的紅色搭配出
很好的感覺。

惠美須町 だるま 炸串

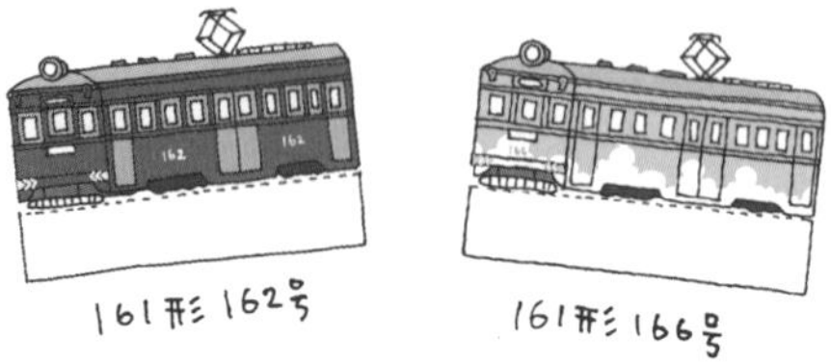
161形 162号
161形 166号

平日的上午，天王寺駅前站。
有不少就讀沿線上大學的學生。

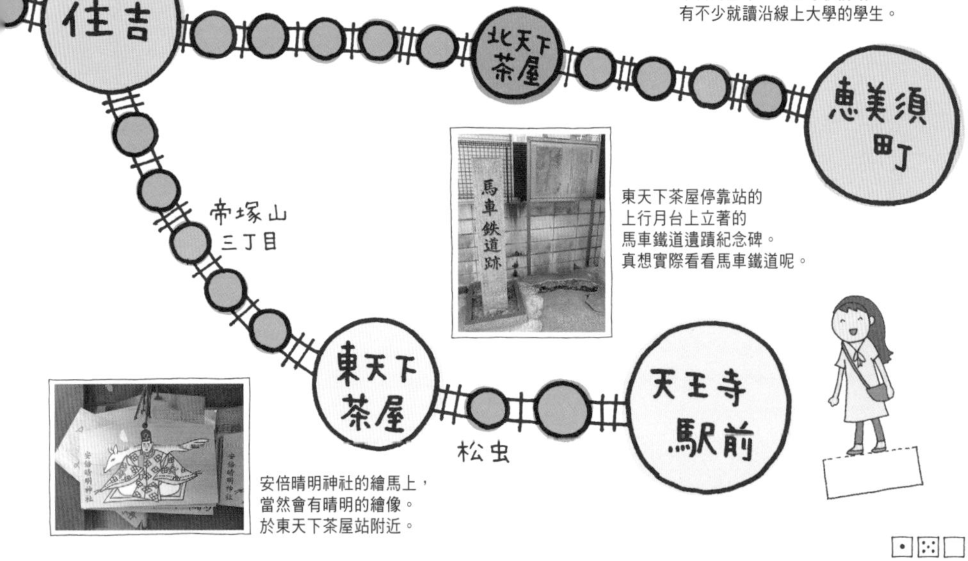
住吉公園
住吉鳥居前
住吉
北天下茶屋
惠美須町
帝塚山三丁目
東天下茶屋
松虫
天王寺駅前
馬車鉄道跡
安倍晴明神社

東天下茶屋停靠站的
上行月台上立著的
馬車鐵道遺蹟紀念碑。
真想實際看看馬車鐵道呢。

安倍晴明神社的繪馬上，
當然會有晴明的繪像。
於東天下茶屋站附近。

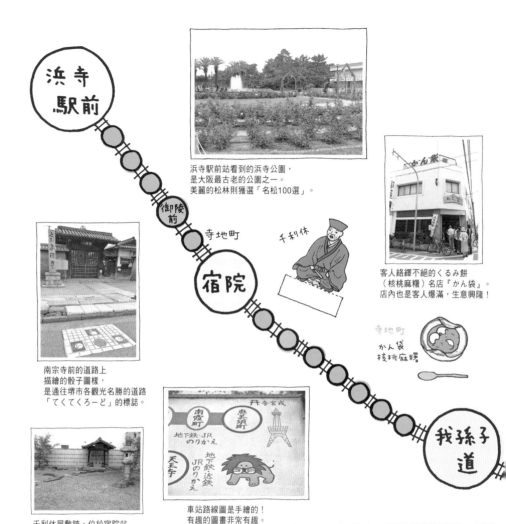

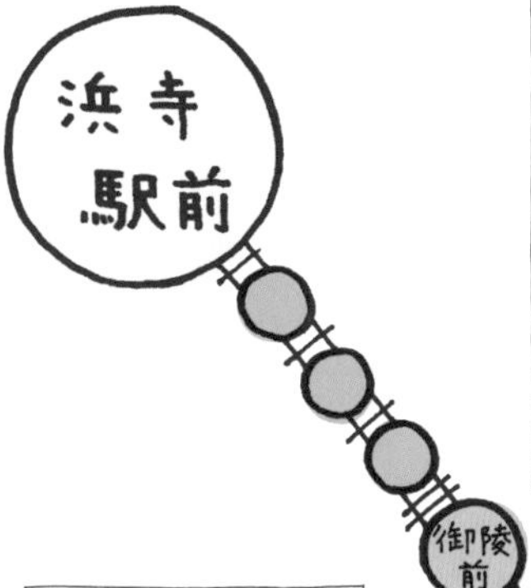
浜寺
駅前

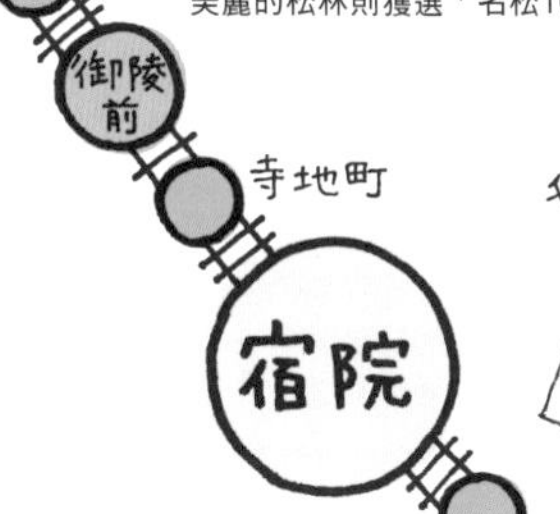
御陵
前
寺地町
宿院

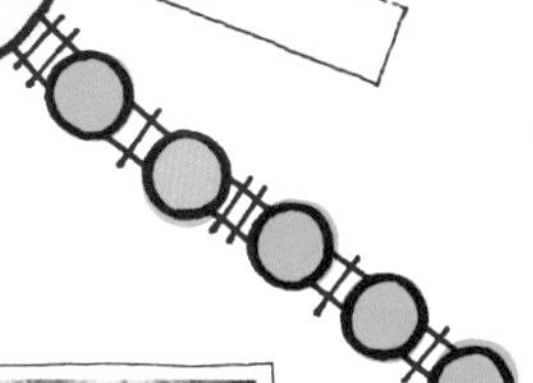

我孫子
道

浜寺駅前站看到的浜寺公園，
是大阪最古老的公園之一。
美麗的松林則獲選「名松100選」。

客人絡繹不絕的くるみ餅
（核桃麻糬）名店『かん袋』。
店內也是客人爆滿，生意興隆！

千利休

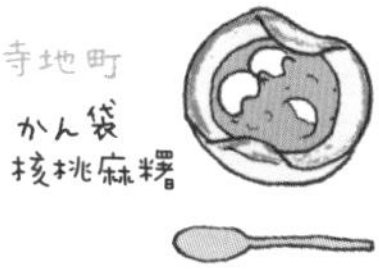
寺地町
かん袋
核桃麻糬

南宗寺前的道路上
描繪的骰子圖樣，
是通往堺市各觀光名勝的道路
「てくてくろーど」的標誌。

千利休屋敷跡，位於宿院站
附近的大樓之間。

今宮戎
南霞町
恵美須町
地下鉄·JR
のりかえ
天王寺
地下鉄·近鉄
JRのりかえ

車站路線圖是手繪的！
有趣的圖畫非常有趣。

我孫子道站附近，每當電車通過平交道時，
站務員都會張開雙臂以確保安全。

在我孫子道站裡，拍攝到司機員交班的瞬間。
他們交談的內容會是什麼呢？

受到大阪人景仰為
「すみよっさん」的住吉大社
就在住吉鳥居前停靠站的眼前！
住吉大社
兔子籤
裡面放有
籤詩
住吉
鳥居前

⊡備受當地人喜愛的「チン電」

行駛大阪府的大阪市和堺市的阪堺電車，當地人暱稱它為「チンチン電車」的簡稱「チン電」。阪堺電車分為行駛天王寺站和住吉公園之間的上町線，以及惠美須町到浜寺駅前的阪堺線等2條路線，停靠站的數量共計達到40個。阪堺線在2014年時歡慶通車100周年，是一個歷史悠久又景點眾多的路線。

我由天王寺駅前開始乘車，窗外的風景，由高樓大廈林立，逐漸地改變為悠閒的住宅區。這條阪堺電車上町線的一部分，據說在1900年通車時還是馬車鐵道，真是令人吃驚。

電車反覆行駛在和汽車共駛路面的併用軌道和專用軌道的感覺一路前行。我在住吉鳥居前下車，參拜過住吉大社，到附近的店家品嘗了大阪名產的大阪燒。店內此起彼落的大阪腔，

停著色彩豐富車輛的
我孫子道站附近的車庫
好，下班是誰開出去呢？

更讓氣氛嗨到更高。在精神和肚子都充過電後，再度上了チン電。經過我孫子道停靠站，再渡過大和川之後進入了堺市。

堺市內的沿線上，有許多佛寺和神社。只要從路面車行駛的大馬路向內一條路，就會身處在夾雜在民宅之間佛寺營造出的靜謐氛圍裡。我造訪了御陵前站附近的南宗寺，結果寺方人員很客氣地為我導覽了寺內。雖然距離阪堺電車的停靠站較遠，但這一帶還有分散在大仙公園附近的仁德天皇陵古墳等的珍貴古墳群。堺市也是千利休的故鄉，有著和起點大阪市完全不同的沉靜氛圍。終點浜寺駅前站之前的綠意盎然浜寺公園裡，眾多的人們悠閒地享受著假日的午後。

再回到大阪市內，由浜寺駅前方向看往住吉停留場時，路線分成了往天王寺駅前和往恵美須町的2條。

「住吉站線路的切換，是工作人員操作進行

南海電氣鐵道南海本線的浜寺公園站，就在國家級登錄
有形文化財的阪堺線浜寺駅前停留場旁

的喲」，阪堺電氣軌道的員工告訴我。的確，住吉站線路旁的小小建築裡，看得到工作人員的身影。由於班次很多，大概也不會有鬆口氣的時候，這些幕後的英雄，感謝。住吉站裡，月台分為上町線和阪堺線，各有上行、下行2座，共有高達4個月台。要弄清電車終點是哪裡，以免坐錯車了。但是這種小小的意外倒也是快樂的。

人情味洋溢的大阪風景

阪堺線的北天下茶屋站一帶，有著懷古的商店街風景。古老的糖果店、很有味道的招牌。路面電車的優點，就是可以接觸到人們生活的這一點。線路旁的圍牆上，堂而皇之掛上的洗滌衣服就隨風搖曳；擺上一排氣派的盆栽和美麗的花盆等，旅人不由得微笑出來的場面，或

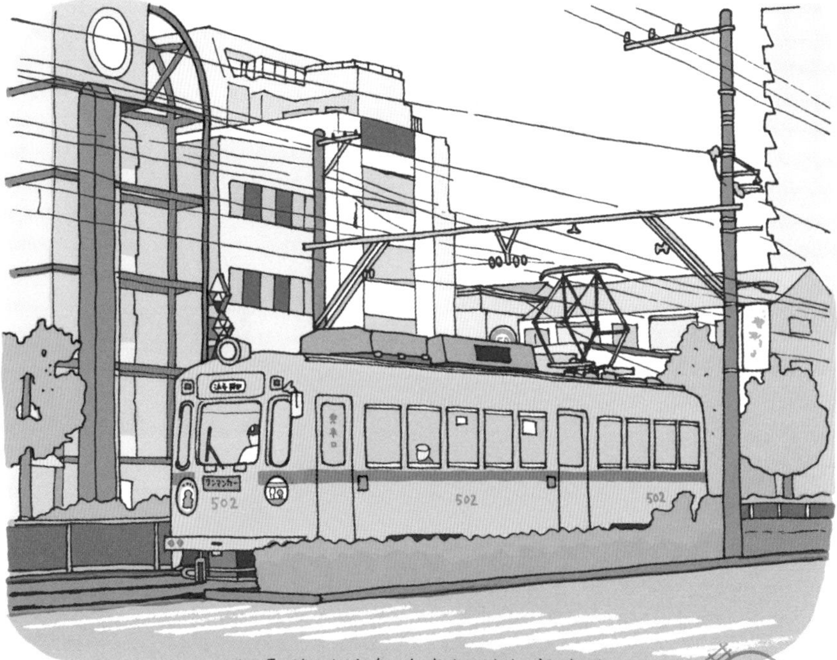

都電荒川線色的車輛駛向宿院站
旁邊的汽車超過它，還是悠閒地行駛

宿院

※插圖是採訪當時的車輛塗色。

許也是阪堺電車的特色呢。

在某個停靠站的月台上，有位年長的女性想要把手推車送上車內，身旁的人立刻就伸出了援手，而稍嫌擁擠的車內座位，早就為這位年長女性空了出來。大家面帶笑容快速因應令人印象深刻，是個可以近距離感受到大阪人情味的場面。我在店裡一要買煎餅，老闆就給了一堆算是贈送的。這些瑣碎的事件，讓我心情一下子開朗了起來。

明明是第一次來卻有著懷舊感，像是和童稚時期看過的景色重疊起來一般的氛圍，該不會只有我有吧。チン電的質樸，或許就是讓我有這種感覺的原因吧……，我邊吃著剛烤好的章魚燒邊想著。

天王寺
駅前
好燙
やまちゃん
章魚燒
剛烤好的
好吃好吃

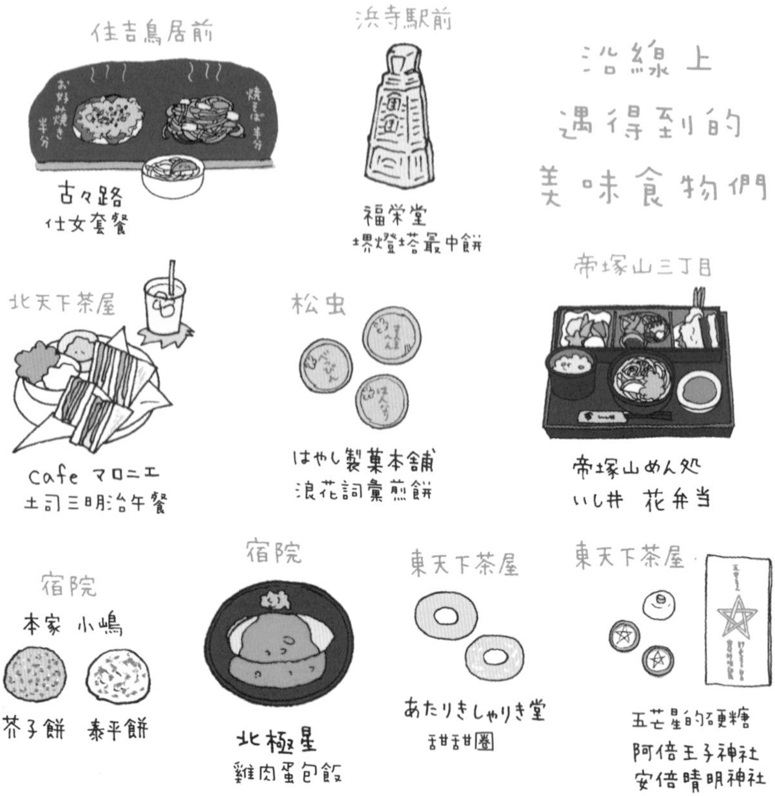
沿線上遇得到的美味食物們
住吉鳥居前
お好み焼き半分
焼そば半分
古々路
仕女套餐
浜寺駅前
福栄堂
堺燈塔最中餅
北天下茶屋
Cafe マロニエ
土司三明治午餐
松虫
はやし製菓本舗
浪花詞彙煎餅
帝塚山三丁目
帝塚山めん処
いし井 花弁当
宿院
本家 小嶋
芥子餅 泰平餅
宿院
北極星
雞肉蛋包飯
東天下茶屋
あたりきしゃりき堂
甜甜圈
東天下茶屋
五芒星的硬糖
阿倍王子神社
安倍晴明神社

路面電車4569散步 小知識

要遊逛商人之城 就要充分活用划算的車票！

堺市自古就以商人之城而繁榮，搭乘路面電車遊逛散在各處的古老町家和寺院等時，要在哪個站下車最令人困擾。這時最好用的，就是划算的車票了。「てくてくきっぷ」（成人600日圓、兒童300日圓）是阪堺電車全線1日不限制搭乘；「堺おもてなしチケット」（成人500日圓、兒童250日圓），是阪堺電車（我孫子道～浜寺駅前）和南海巴士（堺市中心區的指定區域）1日不限制搭乘，而且還附上了堺市內合作商店和飯店的折扣券！

伊予鉄道松山市内線

愛媛

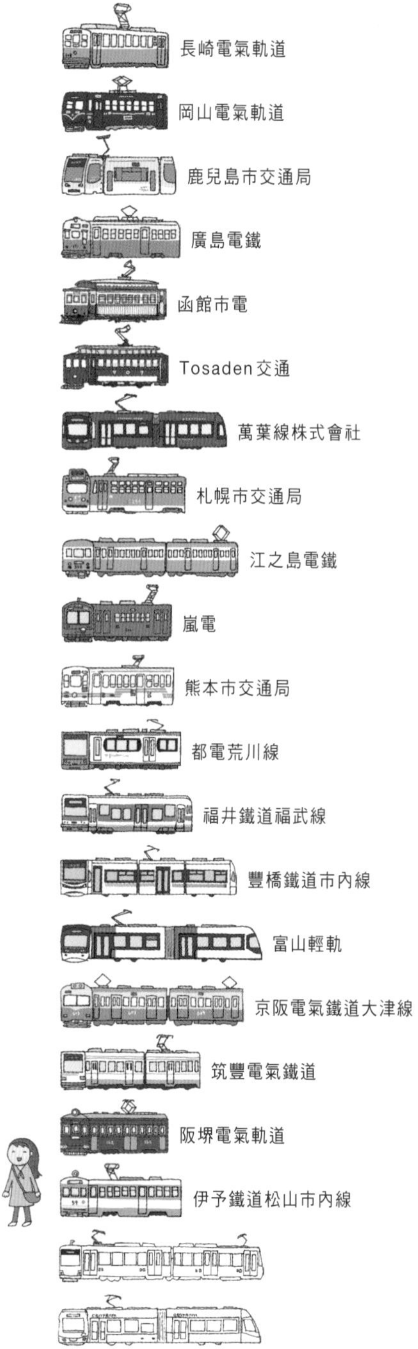
長崎電氣軌道
岡山電氣軌道
鹿兒島市交通局
廣島電鐵
函館市電
Tosaden交通
萬葉線株式會社
札幌市交通局
江之島電鐵
嵐電
熊本市交通局
都電荒川線
福井鐵道福武線
豐橋鐵道市內線
富山輕軌
京阪電氣鐵道大津線
筑豐電氣鐵道
阪堺電氣軌道
伊予鐵道松山市內線

50形

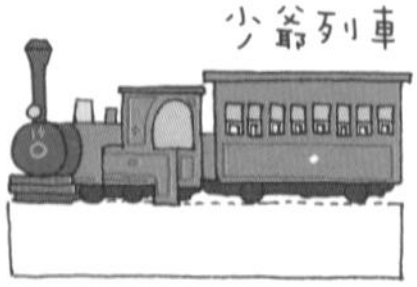
少爺列車

瑪丹娜

少爺

種田山頭火選中度過餘生的住處「一草庵」，在赤十字病院前電車站附近。不是每天都能入內參觀，需事前確認。

在道後溫泉站前的足湯「放生園」裡小憩片刻。營業時間為6時到23時。

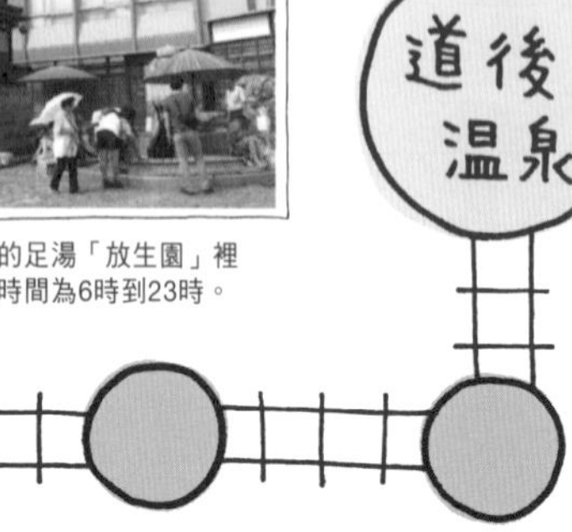
道後
溫泉

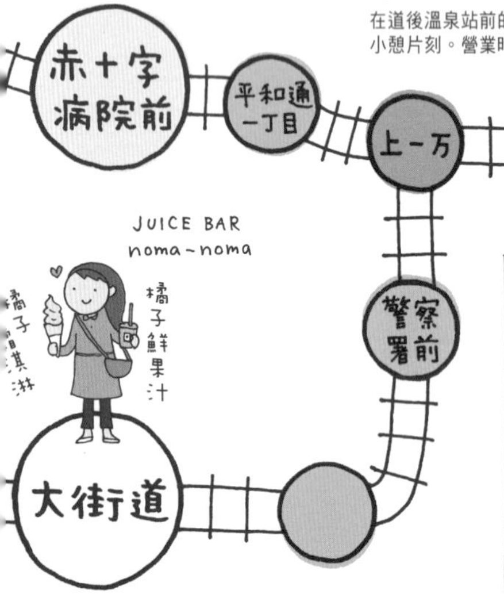
赤十字
病院前
平和通
一丁目
上一万
警察
署前
大街道
JUICE BAR
noma-noma
橘子
霜淇淋
橘子
鮮果汁

電車快跑！
少爺列車1號車
阿Q迴力車

位於道後溫泉站的「ショップ坊っちゃん列車」可以買到!!

道後溫泉站下車，前往國家級重要文化財－道後溫泉本館。在眾多拍照留念的人群中，泡完溫泉十分滿足表情的人也夾雜在內。

大街道電車站下車。乘坐空中纜車或吊索快速上山，前往松山城。天守閣上可以將松山的城市和海中的島嶼一覽無遺。

俳句ポスト
HAIKU POST

松山城內找到的俳句郵箱。偷瞄了一下裡面，有人投稿！

乘務人員們拚命推著感覺很重的客車。然後再恢復爽朗笑容迎接乘客！

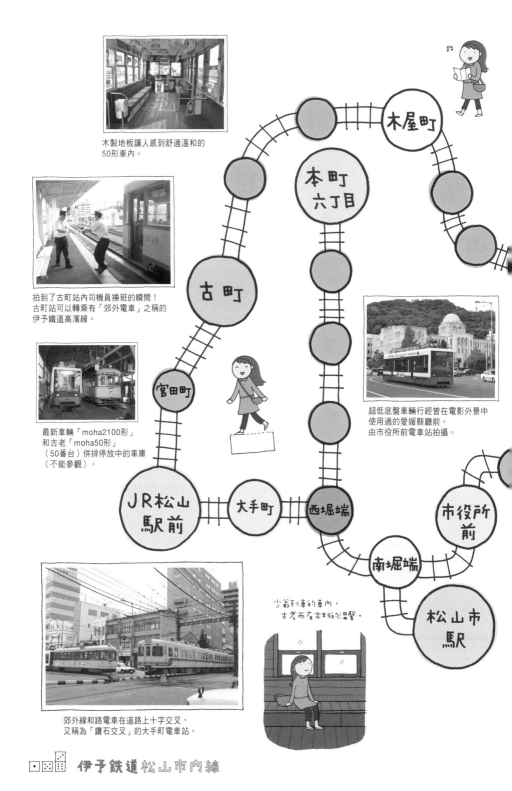

木製地板讓人感到舒適溫和的
50形車內。

拍到了古町站內司機員換班的瞬間！
古町站可以轉乘有「郊外電車」之稱的
伊予鐵道高濱線。

最新車輛「moha2100形」
和古老「moha50形」
（50番台）併排停放中的車庫
（不能參觀）。

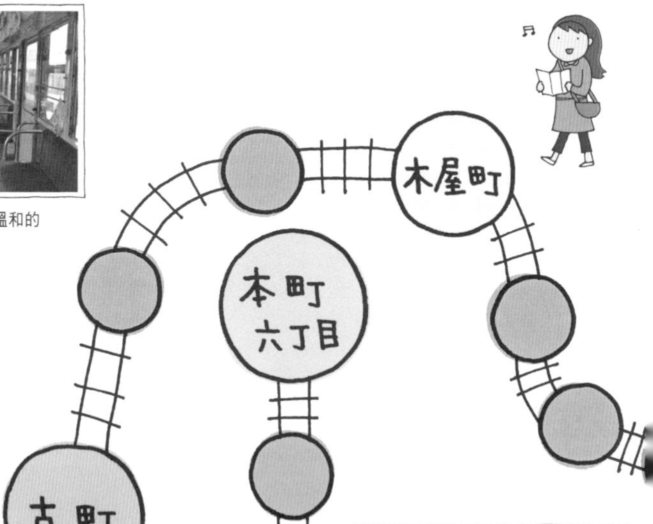
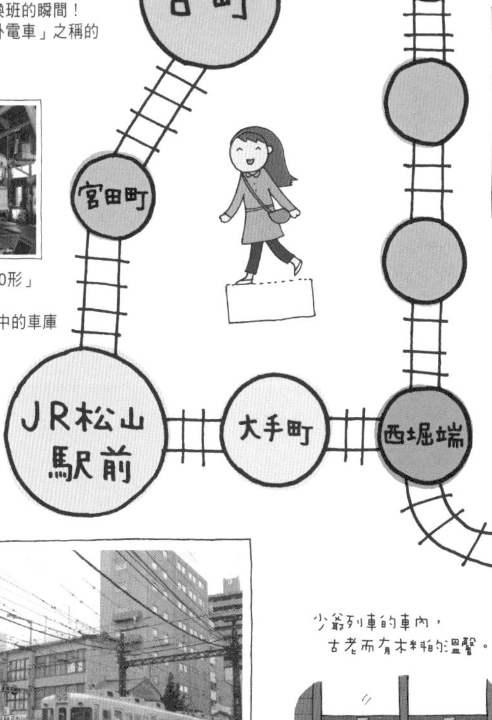
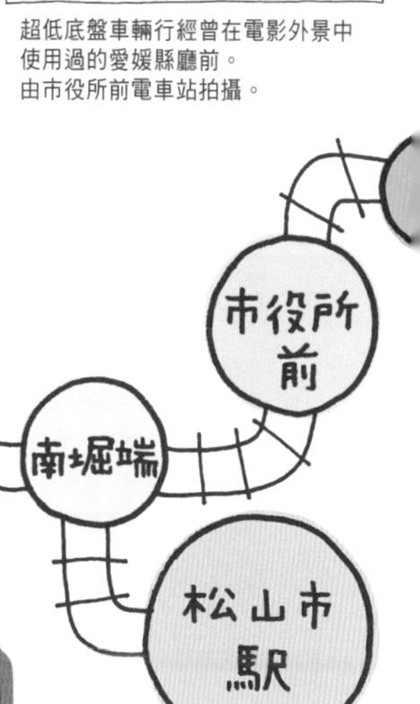
木屋町
本町六丁目
古町
宮田町
JR松山駅前
大手町
西堀端
市役所前
南堀端
松山市駅

超低底盤車輛行經曾在電影外景中
使用過的愛媛縣廳前。
由市役所前電車站拍攝。

郊外線和路電車在道路上十字交叉，
又稱為「鑽石交叉」的大手町電車站。

少爺列車的車內，
古老而有木料的溫馨。

伊予鉄道松山市内線

市役所前

在松山城守護下行駛的路面電車
位置在市役所前電車站附近

● 道後溫泉和少爺列車

「好可愛哦！」

一瞬間，內心就被這像是玩具般有著橘子塗色的車輛虜獲了。這裡是以道後溫泉聞名的愛媛縣松山市。當地暱稱為〝市內電車〞，廣為居民利用的路面電車，是伊予鐵道松山市內線。市內電車的運行共有5個系統，第1、2系統的「環狀線」以松山市駅電車站為起終點，分為右環和左環；第3系統「松山市駅線」起終點是松山市駅電車站；第5系統「JR松山駅前線」則在JR松山駅前電車站，而第6系統「本町線」則起終點設在本町六丁目電車站，各線都能通到道後溫泉站。這些系統看似複雜，但備有簡明易懂、以顏色區的路線圖，可以放心。

搭上橘子色的電車，我第一個目的地就是道後溫泉。有歷史的木質電車地板溫暖感受，對眼睛對內心都溫和。到了道後溫泉站，不愧是觀光勝地，滿滿的都是觀光客。在溫泉街閒逛一陣之後，再度前往車站。目標是，少爺列車。當活躍在明治到昭和中期、已經修復為當時模樣的機車頭駛進月台，觀光客的相機便一起對了過去。過去是以煤炭為燃料燒出蒸氣來推動，但現在使用的是柴油引擎。在車掌的帶領下進入了車廂，終於要出發了！

就像是伊予鐵道株式會社藤田正仁先生的一席話「請各位體驗明治時代當時的搭車感覺」，振動既大聲音也大，而且沒有冷暖氣的設備。原來明治時代的感覺是這樣的，雖然稱不上是舒適，但是這種不舒適也是體驗之一。到了主要的景點，身兼導遊的車掌就會出現，仔細地進行導覽。和一般車輛不同的木製窗框外的景色，還真是與眾不同；汽笛也再度出現的正統派列車，可以感受回到明治時代的氛圍。由於終點站松山市駅電車站未設轉車台，

停靠在道後温泉站的少爺列車
準備迎接乘客

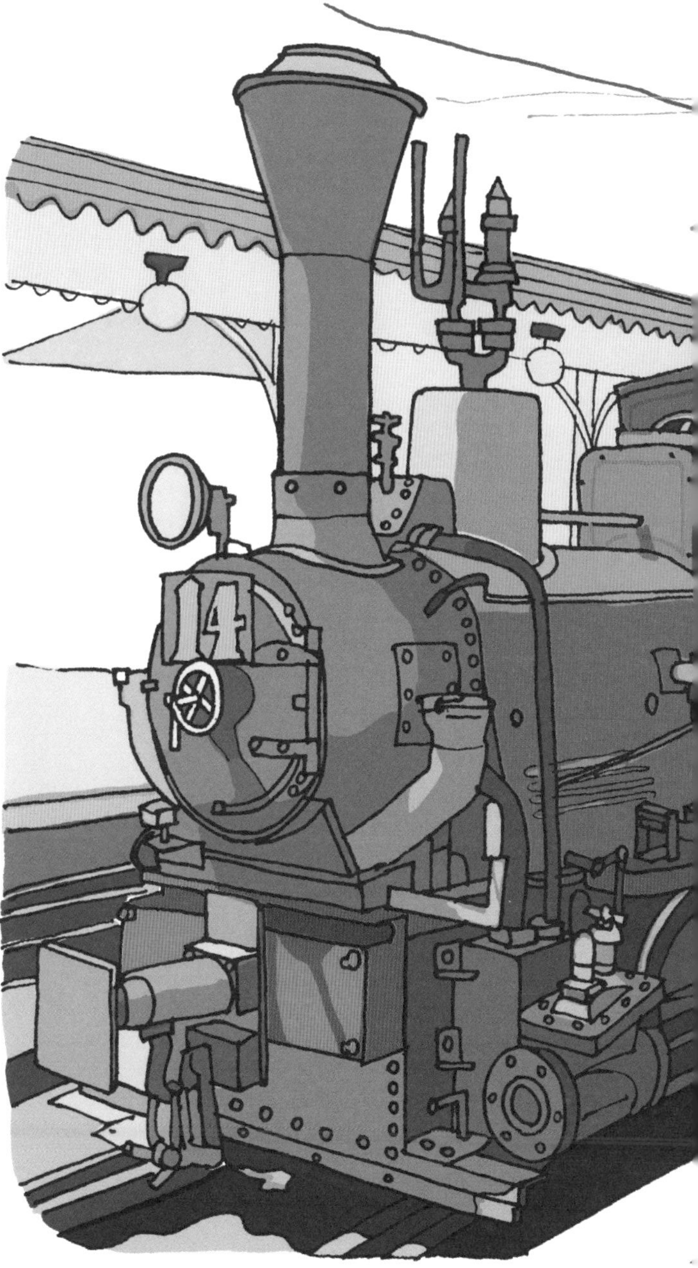
14

道後溫泉站是很漂亮的西式建築
到處都擠滿了觀光客

便由機車頭拉出迴轉用的轉向架，進行方向的轉換，再加上客車部分是由乘務人員用力推動，這可是下車後不能錯過的重點哦。

橘子色的電車行駛的俳句街

「少爺列車」名稱的由來，是使用了出現在夏目漱石小說《少爺》裡人物的緣故。松山是有著深厚文學基底的城市，除了夏目漱石之外，和松山有深厚淵源的文學家，還有正岡子規、種田山頭火、高濱虛子等著名的文學大師。引起我注意的是，市區裡到處可見的俳句郵箱；郵箱裡備有填俳句的稿紙，我也拿了一張準備投稿。這俳句郵箱居然可以在部分電車裡看到，這也太令人驚訝了。很訝異松山市民是不是平常就會吟詠俳句呢。

環狀線的宮田町電車站～平和通一丁目電車站之間是專用軌道，主要行駛住宅區。赤十字病院前電車站下車步行，前往種田山頭火終老

坂上之雲博物館的露台
看到了綠意中的萬翠莊

選擇的住處「一草庵」。在流經附近的河前駐足看了河中，發現有許多小魚悠游其中。或許就是在這類小小的日常風景裡，俳句自然地就會出現。我在某店內用餐時，附近餐桌的小學高年級樣子的女孩，突然說聲「想到了！」，就開始吟詠起俳句來，這一幕令人震驚。很遺憾地，我到最後也沒想到好句子，只好放棄投稿了。手上的俳句稿紙仍然是空白一片。

松山即使在大街道電車站附近的鬧區裡，仍然是悠然的氛圍，有著可以安穩過生活的感覺。我聽說，許多人由外地回到故鄉松山，看到橘子色的電車時都會有鬆了一口氣的放鬆感。或許我再度來訪時，也會有同樣的感覺。想到這裡，覺得橘子色的電車又更可愛一些了。

沿線上
遇得到的
美味食物們
大街道
警察署前
艾草
豆沙餡
四季豆
労研饅頭 たけうち
道後溫泉
道後の町屋
炸魚扠漢堡
大街道
8 bees cafe
早餐
大街道
松山全日空ホテル 雲海
鯛丼定食
古町
麵包
大街道
フルーツパーラーみしま的聖代
Boulangerie
la four de bonheur

⚀路面電車4569散步 小知識⚀

還是要搭乘一下，少爺列車！

時刻表可以事前在伊予鐵道株式會社的官網上查到，從道後溫泉站上車時需要拿取整理券。最適合用來遊逛的票種是「1Dayチケット」（1日通票；成人500日圓、兒童250日圓），可以無限搭乘市內電車的全部區間和部分的巴士；加100日圓可搭乘少爺列車、加200日圓可以搭乘摩天輪くるりん，是好用又划算的乘車券。其他還有「ALL IYOTETSU 1Day Pass」等的乘車券，以及「松山城らくトクセット券」等的票種。

東急電鉄世田谷線

東京

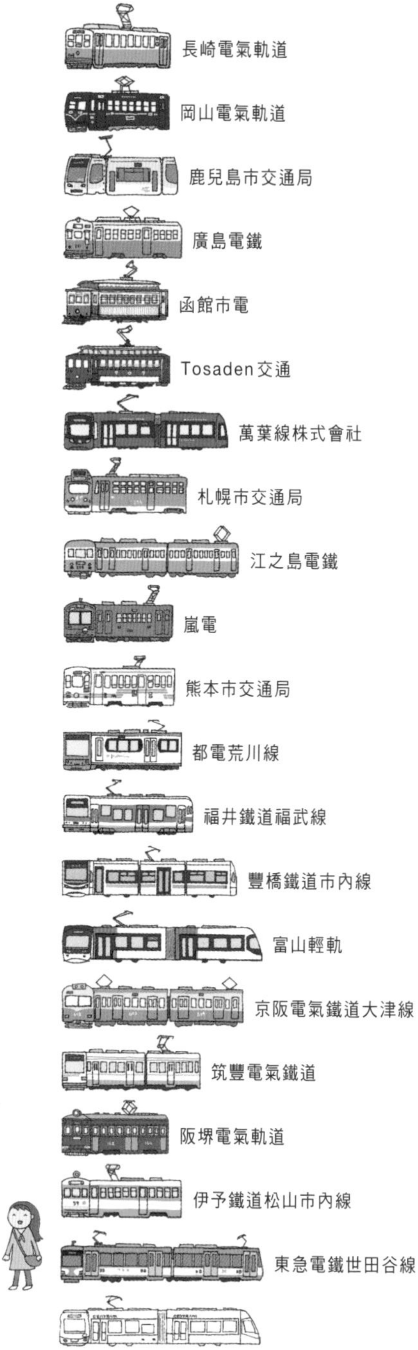
長崎電氣軌道
岡山電氣軌道
鹿兒島市交通局
廣島電鐵
函館市電
Tosaden交通
萬葉線株式會社
札幌市交通局
江之島電鐵
嵐電
熊本市交通局
都電荒川線
福井鐵道福武線
豐橋鐵道市內線
富山輕軌
京阪電氣鐵道大津線
筑豐電氣鐵道
阪堺電氣軌道
伊予鐵道松山市內線
東急電鐵世田谷線

松陰神社前站附近的咖啡廳『タビラコ』的窗旁座位，是可以近距離觀賞世田谷線同時喝杯咖啡的特等座位。

玉電色的車輛是將阿爾卑斯綠（301F）的車輛改塗而成。

也有部分車內的座位是附了靠肘的形式。

吉田 松陰

由西太子堂站方向拍攝的三軒茶屋站的內部。

由直通三軒茶屋站的胡蘿蔔塔瞭望台看到的風景。可以看到像是玩具電車般行駛中的小小世田谷線車輛。

電車通過和環狀七號線交叉的若林平交道。由行人路橋上拍攝。

聳立在西太子堂站後方的，是胡蘿蔔塔。

三軒茶屋站獲選為「關東車站百選」。

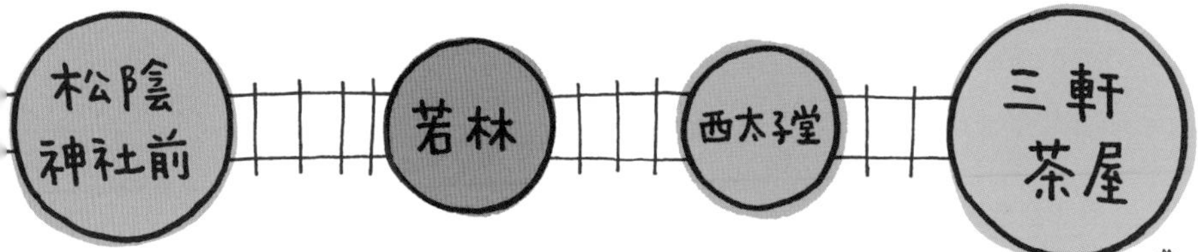
松陰
神社前
若林
西太子堂
三軒
茶屋

306F 浮雕黃

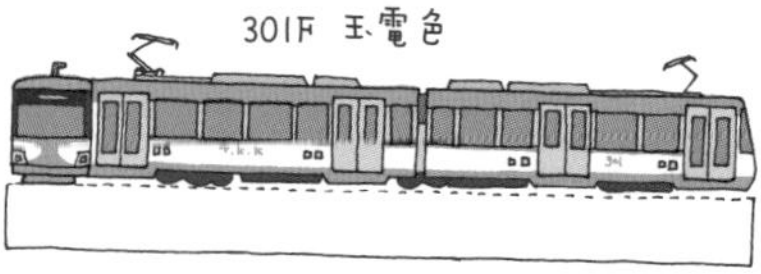
301F 玉電色

坐在行進方向相反的
座位上也很有意思

下高井戸
松原
山下
宮の坂
上町
世田谷

染色設計工房『アトリエクルール』負責人佐藤律子小姐。宮の坂站附近的工房裡，開設了染色教室。1樓部分設有精品店，販售含佐藤小姐等的精致作品。

黃昏時返家尖峰時間的下高井戸站。既有要轉乘京王線的人，也有消失在活力洋溢商店街裡的人。

宮の坂站前保存展示的「deha 601號」，原來是玉川電氣鐵道時代的45號車。這輛車輛的歷史古老，也曾經有過賣給江之電等的經歷，最後才在這裡定了下來。

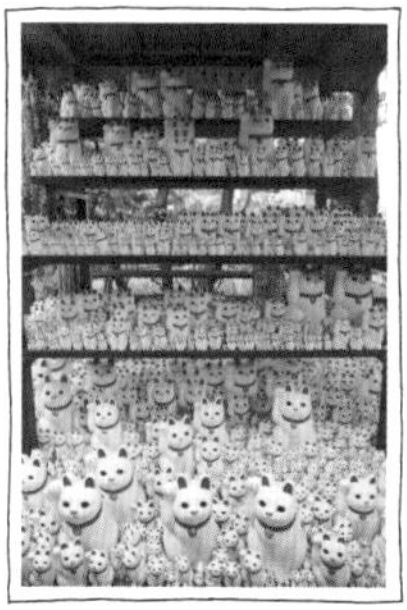

一大堆的「招福貓兒」！攝於宮の坂站附近的豪德寺。

世田谷八幡宮就在宮の坂站不遠處。氣氛莊嚴但還是聽得到路面電車的聲音。

擊掌
擊掌

好燙！
鹿港的肉包

車輛由人工一輛一輛地仔細清洗。

運轉車輛部的熊部敏雄先生。每天都在進行世田谷線車輛的維修。

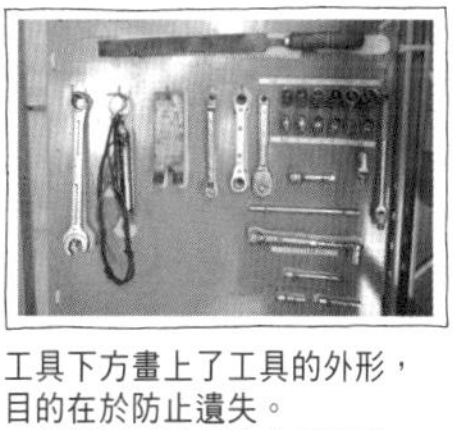

工具下方畫上了工具的外形，目的在於防止遺失。一眼就可以看出該放回哪裡，非常方便好用！

一個一個地出現
來參拜的人
午後的松陰神社

留有玉電時代感覺的世田谷線

雖然號稱雨女，但今天卻很難得地晴空萬里。世田谷線的三軒茶屋站的站內，高高的天花板讓人感覺自在。站內呈現穹頂狀，像是歐洲車站的感覺。

世田谷線在三軒茶屋～下高井戶之間約5公里之間，設有10座車站。每站的間距不滿1公里，是一條非常迷你的路線。原本世田谷線是於1925年開業的玉川電氣鐵道（通稱為玉電）的一部分，1969年5月，該線的澀谷～二子玉川園之間廢線時，三軒茶屋～下高井戶之間獨立成為世田谷線而殘存了下來。改塗為玉電色的車輛，在我正準備說出要搭乘它一下時就到站了。

車輛全部是由300形的低底盤車輛2節連結而成，除了長椅型的優先座（博愛座）之外，都是1人座的座位排成一排，像是巴士車內般的感覺。話說，正困擾於要在哪一站下車時，出現了聲音柔和的車內播音。世田谷線上，7時左右到21時左右之間行駛的車內，都會配置女性車掌一人，從事各種介紹、收取車資等幫忙乘客的工作。

令人吃驚的是，世田谷線的司機員以及服務員等全部人員，都取得了服務介助士的證照。配帶著藍色的名牌就是，因此年長者和身障人士都可以放心搭乘。

電車駛過了住宅和商店前，世田谷線由於不是併用軌道，幾乎都行駛在專用軌道上。唯一行駛路面的路段，是靠近若林站，與環狀七號線交叉的若林平交道。這裡沒有遮斷機，電車和汽車都必須遵守紅綠燈。實際上搭乘時，會有很奇特的感覺。旁邊的行人穿越道上，行人和自行車同時交錯來去。然後，電車再回到專用軌道上悠然前行。

和環七通交叉的若林平交道
是世田谷線上唯一行駛路面的區間

若林

數十萬人到訪
沿線最大的活動「舊貨市集」

在上町站下車，步行到世田谷代官宅邸；在現代化的住宅裡，夾著茅草屋頂的前門。抬頭看了一下樹齡２００年的巨大紅楠。參觀著周圍都是綠意的母屋，想像著當時的生活模樣。

這棟代官宅邸所在的ボロ市通以及周邊地區，每年1月和12月的15日、16日，都會舉辦「舊貨市集」。這個市集已有４００多年的歷史，近７００家的攤子相連，販售著植栽、骨董品和舊衣、食品等。世田谷線一年裡上下客人數最多的，就是這「舊貨市集」舉行的日子。

走在線路旁，看到了世田谷線的車輛時，心情一下子就好了起來。每輛都是顏色鮮豔，所屬的10節車的車身塗色都不相同。像是「早晨藍」「陽」等的顏色名稱就很時髦，而東急電鐵的長谷惠美小姐告訴我，「浮雕黃的車輛，就有幸福的黃色電車之稱呢」。一聽這麼說，心底就泛起非搭一次不可的強烈興趣。

顏色鮮豔車輛們的車庫附設在上町站裡，小小的一間而周邊都是民宅，清洗和維修的車都在悠閒地休息中。幫我介紹車庫的運轉車輛部熊部敏雄先生說道，「前輩們告訴我們，必須

周邊都是住宅，在上町站內的小巧車庫

要讓五感專注來做維修才行」。有沒有奇怪的聲音啦之類的，都必須實際用自己的耳朵確認。所以不只是有優秀的技術就可以的，維護和修理時還必須要有目視不可得的深層感受性。太感動了。

在下高井戶站搭上了一直想搭乘的「幸福的黃色電車」，我也想做這種美妙的工作！正在用熱切的眼神觀察女性車掌時，四目相會，她朝著我溫柔地微笑了一下。平日的白天時間，車內也不會空無一人，都一定會有乘客在車上。世田谷線不是觀光路線，而是和當地居民的生活息息相關的路線。過去曾是農村地帶的世田谷，在戰後才改頭換面成為都市。車窗外的風景，有屋簷下晾著的衣服、大開著的民宅窗戶，還有走在牆上的貓兒。色彩繽紛的車輛們，正是將這些再平常不過的風景加上鮮豔色彩的呀。

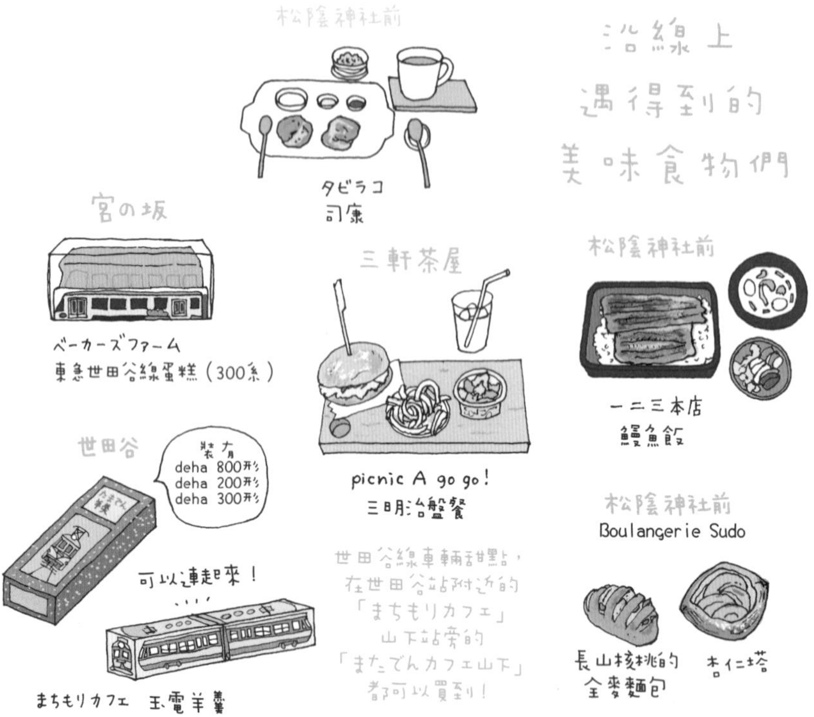

路面電車4569散步 小知識

先來遊逛。接下來
包一輛車下來？

可以無限搭乘世田谷線1天的「世田谷線散策きっぷ」（世田谷線散步車票；成人330日圓、兒童170日圓），是最適合遊逛用的車票。套裝的「世田谷線沿線散策ガイド」（世田谷線沿線遊逛導覽）裡，還附了可以在指定店家優惠的折扣券！販售地點在世田谷線三軒茶屋、上町、下高井戶等各站（上町站為6:30～22:00販售）。

世田谷線是可以包租電車的，之前除了車內活動之外，還曾經包租舉辦過幼稚園的畢業典禮呢。詳情請洽東急電鐵。

富山地方鉄道市內線

富山

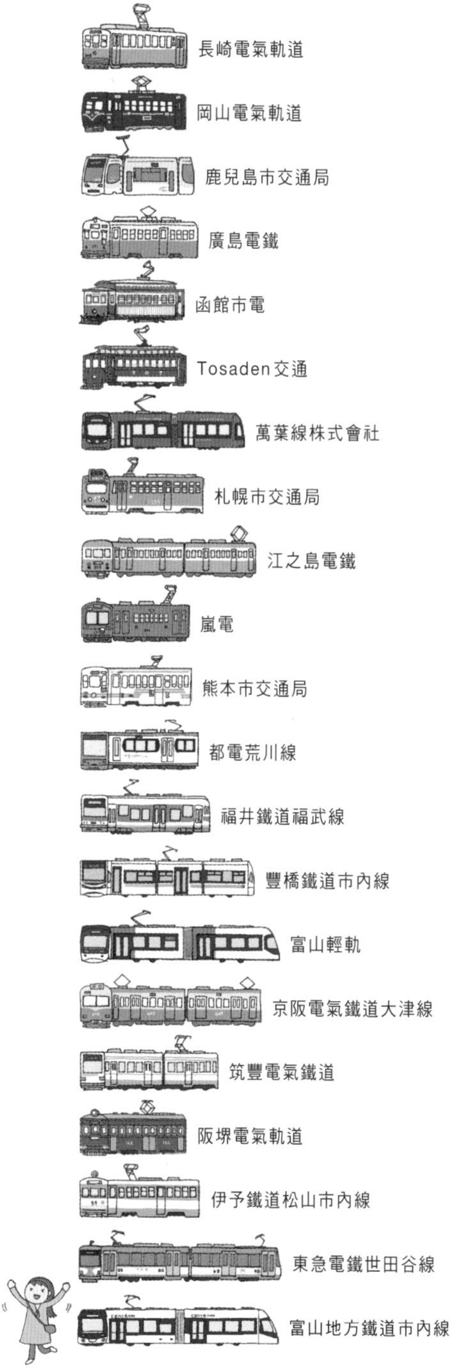
長崎電氣軌道
岡山電氣軌道
鹿兒島市交通局
廣島電鐵
函館市電
Tosaden交通
萬葉線株式會社
札幌市交通局
江之島電鐵
嵐電
熊本市交通局
都電荒川線
福井鐵道福武線
豐橋鐵道市內線
富山輕軌
京阪電氣鐵道大津線
筑豐電氣鐵道
阪堺電氣軌道
伊予鐵道松山市內線
東急電鐵世田谷線
富山地方鐵道市內線

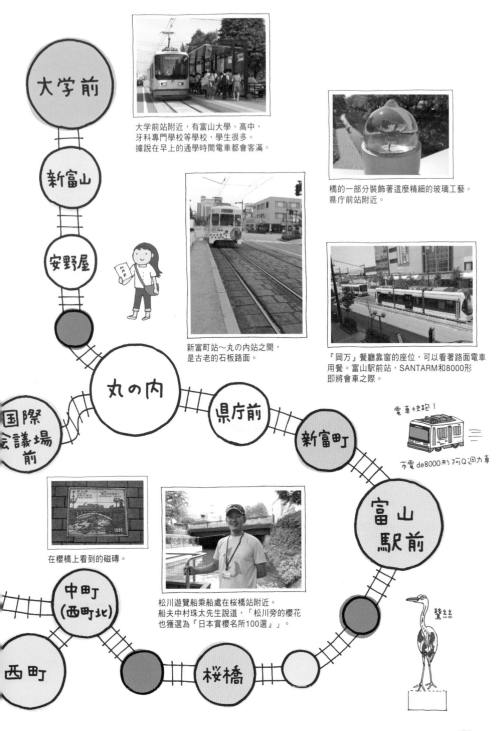

大学前
新富山
安野屋
丸の内
国際
会議場
前
県庁前
新富町
富山
駅前
中町
(西町北)
西町
桜橋

大学前站附近，有富山大學、高中、
牙科專門學校等學校，學生很多。
據說在早上的通學時間電車都會客滿。

橋的一部分裝飾著這麼精細的玻璃工藝。
県庁前站附近。

新富町站～丸の内站之間，
是古老的石板路面。

『岡万』餐廳靠窗的座位，可以看著路面電車
用餐。富山駅前站，SANTARM和8000形
即將會車之際。

在櫻橋上看到的磁磚。

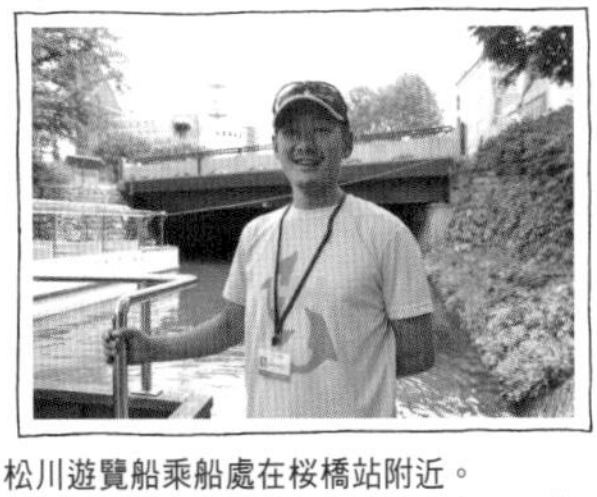

松川遊覽船乘船處在桜橋站附近。
船夫中村珠太先生說道，「松川旁的櫻花
也獲選為『日本賞櫻名所100選』」。

100周年紀念的復古電車，
是由7000形車輛改裝
而成。建議最好事先
確認好營運的時間。

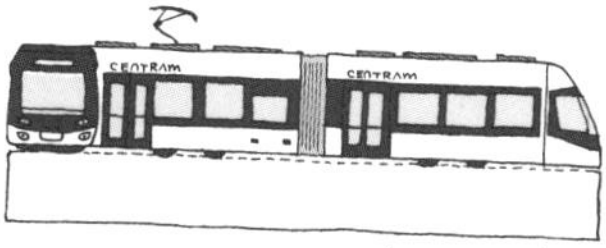
CENTRAM
CENTRAM

De9000形（CENTRAM）

CHITETSUTRAM

復古電車

CENTRAM

CENTRAM共有白、銀、黑三色，這輛是銀色的。帥極了！

復古電車裡
配置有木桌

復古電車駕駛座旁的窗子，可以
欣賞到和司機員相同的視線。
設有墊腳枱，小朋友也可以
站上去欣賞。

7000形的車內。
令人心情平和。

『島川あめ店』的島川智子女士說道，「過去
為了降低藥的苦味就會加入水飴來服用」。
據說當時飴店和製藥一樣地興盛呢。
西町站下車。

島川あめ店
麥芽水飴

大手
モール
グランド
プラザ前

維修中的車輛和準備出車的車輛們。
到了夜晚時，所有的車輛
都會集中到南富山駅前站的車庫內。

西町站裡發現司機員。

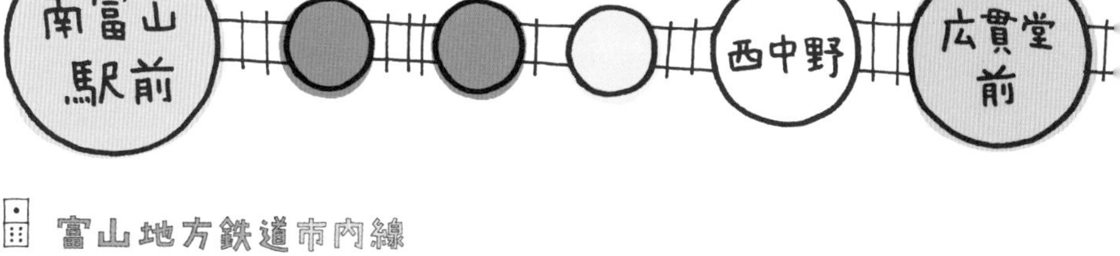
南富山
駅前
西中野
広貫堂
前

富山城和黑色的CENTRAM非常協調
於国際会議場前停留場

CENTRAM行駛的美麗富山市區

富山縣內共有3處的路面電車在運行，數量冠於全日本。分別是萬葉線、富山輕軌，以及這次要介紹的富山地方鐵道市內線。

遊逛的起點在富山駅前停靠站，我很快地追著悠然行駛中的黑色CENTRAM，不斷地按下相機的快門。CENTRAM只行駛環狀線，古老車輛和CENTRAM的外觀對比，正可以讓彼此更加出色。

南富山駅前站到富山駅前站之間是1系統、南富山駅前站直達大学前站是2系統，而3系統是環狀線，反時針方向行駛，停靠中町（西町北）站而不停靠西町站。1系統、2系統在中町站只設置往富山駅前和大学前方面的月台，往南富山駅前方面車次不會停車，需注意。

1、2系統歷史悠久，2013年9月歡度了100周年；3系統比較新，2009年12月

在松川遊覽船裡
看到駛過櫻橋的路面電車

才開始營運。

車窗外的街道十分整齊美觀，據說富山市在二次戰後將河流填起改道，重新打造了市區。沿線上有松川、いたち川、神通川等河流經過。坐上了松川遊覽船，享受了「松川七橋巡遊」的樂趣。光輝耀目的河面和松川河岸綠色樹木的潤澤，輕輕吹撫的微風，多麼優雅的氛圍。我傾聽著船夫說著富山城的歷史，和7座橋樑的軼事。

「那座常夜燈可是２００年前的古物哦」

抬頭仰望，很有歷史感覺的常夜燈佇立河旁；附近擺設有不少縣內雕刻家的作品。橋上嵌有彩繪玻璃，古老和新的事物完美協調，整座城市就像一座開放式的美術館一般。

在日本講到富山，就以「富山的賣藥」最有名。這是將藥品寄放在一般家庭，收取使用掉部分的金額，再補充庫存的配置販售方式。我記得過去，在我老家裡也有常備藥品。廣貫堂

老字號的藥鋪一池田屋安兵衛商店
1樓是面對面賣藥的地方，
2樓的餐廳「健康膳 薬都」裡可以吃到藥膳料理

復古又可愛的
包裝成藥
1樓裡還有
其他眾多種類的藥品

資料館裡可以看到賣藥的歷史。

使用木料的溫暖復古電車

等著想要搭乘的復古電車到來後上了車。大量使用木料的車內有著溫暖的感覺；車內有幾個富山大學的學生靜靜地坐著，打開參考書等在看著，坐立不安的只有我一個人。

「新富山站往安野屋站方向的富山大橋上看到的立山連峰美不勝收，尤其是早上更美」，富山地方鐵道株式會社的平野等先生這麼說道。只可惜天候不佳，看不到立山連峰的美麗景致。我在想，一定在某一天我要看看冠著雪的立山連峰英姿。富山市的12月到2月是下雪的季節，雪一旦進入電車下方就會卡住進退兩難。因此最後一班電車之後，就有除雪車進行除

富山縣水墨美術館的大廳看出去的庭園
像圖畫般地美麗

雪，會行駛個1～2趟，好讓第一班車開出時不會積雪。三更半夜的工作，您辛苦了。

走出富山縣水墨美術館仰望著廣闊的天空時，聽到了清徹的鳥鳴聲、遠方的汽車聲，以及路面電車的聲音，不知道是不是山巒圍繞的緣故？沿線上的公共設施都積極地引進花與綠，讓人賞心悅目也療癒了人心。河川流經市中心，也別有風情。富山市是個有著透明感，又讓人放心平靜的都市。

想吃個不算早的晚餐而進入了飯店附近的小飯店，口中吃著富山的山珍海味時，卡噹卡噹的巨大聲響傳來，原來是路面電車經過了門外。只有一站的距離，回程決定走路。按照自己的心情隨意上下車，這就是4569散步的意思。這是個讓我再次感受到有路面電車行駛的地方是多麼美妙的一個夜晚。

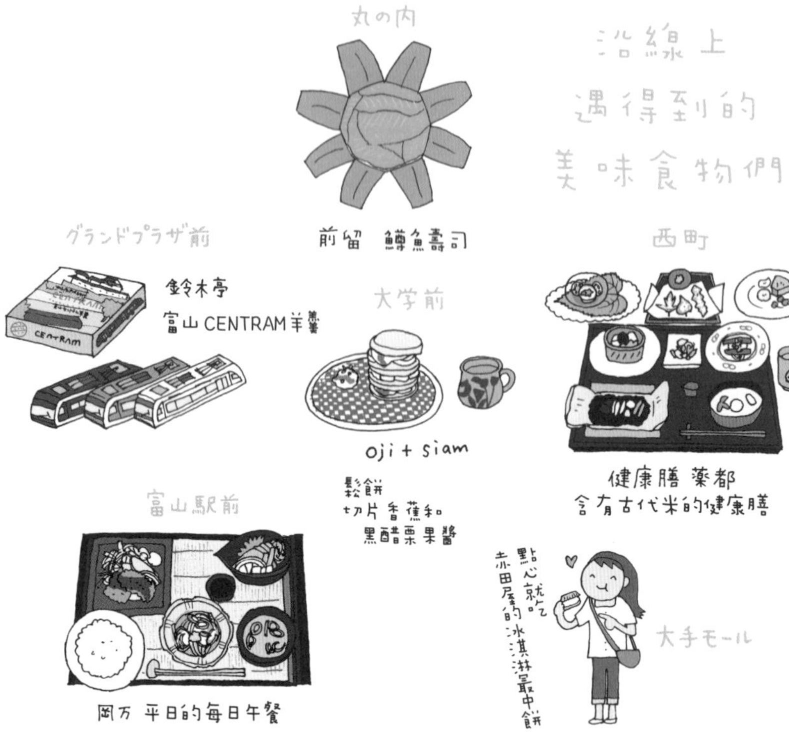
沿線上
遇得到的
美味食物們
丸の内
前留 鱒魚壽司
グランドプラザ前
鈴木亭
富山CENTRAM羊羹
大学前
oji + siam
鬆餅
切片香蕉和
黑醋栗果醬
西町
健康膳 藥都
含有古代米的健康膳
富山駅前
岡万 平日的每日午餐
點心就吃
赤田屋的冰淇淋最中餅
大手モール

回路面電車4569散步 小知識回

在CENTRAM裡辦結婚儀式！？ CENTRAM裡可以聽現場演奏！？

白色的CENTRAM可以包租下來辦結婚儀式。將CENTRAM裝飾成的「結婚電車」，一定讓您終生難忘。此外，CENTRAM車內由音樂家進行演奏的「BEATRAM」，則會配合每年10月前後在富山城址公園舉辦的「BEATRAM MUSIC FESTIVAL」活動來營運。活動詳情請洽各營運事務局。

觀光的話可以購買划算的一日乘車券「市内電車・バス1日ふりーきっぷ」（市內電車、巴士1日通票；成人620日圓、兒童310日圓），市內電車全線都無限制上下車。

路面電車4569散步　全21路線導覽

長崎電氣軌道〈長崎〉

www.naga-den.com

石橋
大浦天主堂下
大浦海岸通り
市民病院前
築町
西浜町
観光通り
思案橋
正覚寺下
賑橋
公会堂前
諏訪神社前
新大工町
新中川町
蛍茶屋
桜町
出島
大波止
五島町
長崎駅前
八千代町
宝町
銭座町
茂里町
浦上駅前
大学病院前
浜口町
松山町
大橋
浦上車庫前
岩屋橋
長崎大学前
若葉町
千歳町
昭和町通り
住吉
赤迫

岡山電氣軌道〈岡山〉

www.okayama-kido.co.jp

岡山駅前
西川緑道公園
柳川
城下
県庁通り
西大寺町
小橋
中納言
門田屋敷
東山
郵便局前
田町
新西大寺町筋
大雲寺前
東中央町
清輝橋

鹿兒島市交通局〈鹿兒島〉

www.kotsu-city-kagoshima.jp

工学部前
唐湊
神田
たばこ産業前
中洲通
都通
鹿児島中央駅前
純心学園前
中郡
高見橋
加治屋町
谷山
上塩屋
笹貫
脇田
宇宿一丁目
二軒茶屋
南鹿児島駅前
涙橋
郡元南
郡元
鴨池
騎射場
荒田八幡
交通局前
武之橋
新屋敷
市立病院前
高見馬場
天文館通
いづろ通
朝日通
市役所前
水族館口
桜島桟橋通
鹿児島駅前

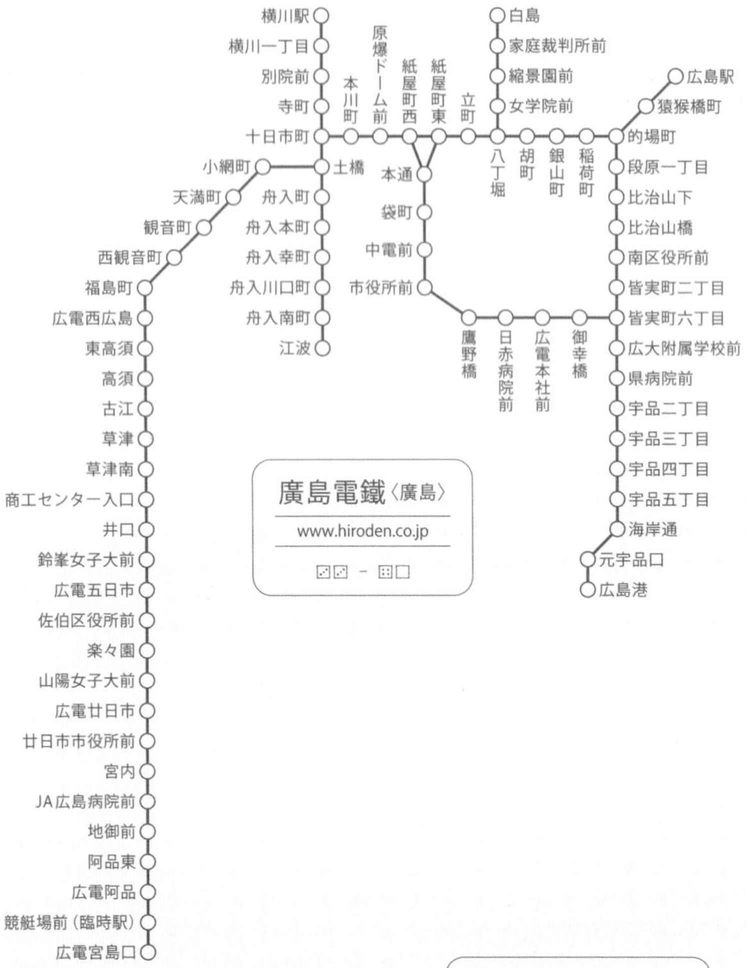

廣島電鐵〈廣島〉

www.hiroden.co.jp

Tosaden交通〈高知〉

www.tosaden.co.jp

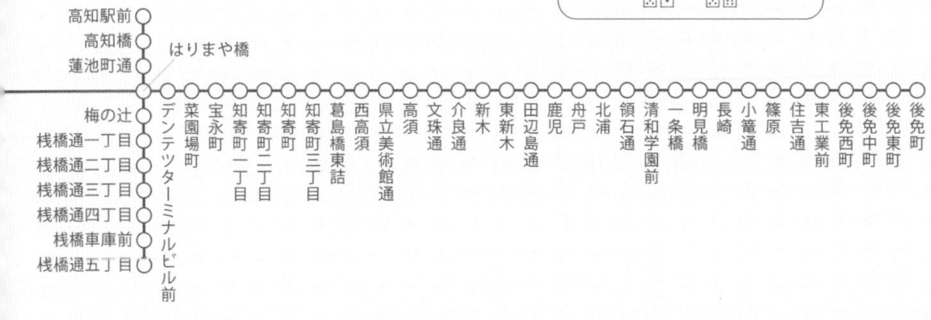

函館市電〈北海道〉

www.city.hakodate.hokkaido.jp/bunya/hakodateshiden/

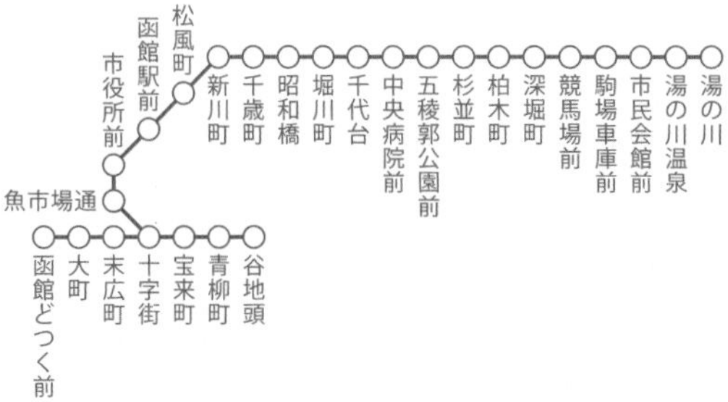
松風町
函館駅前
市役所前
魚市場通
函館どつく前
大町
末広町
十字街
宝来町
青柳町
谷地頭
新川町
千歳町
昭和橋
堀川町
千代台
中央病院前
五稜郭公園前
杉並町
柏木町
深堀町
競馬場前
駒場車庫前
市民会館前
湯の川温泉
湯の川

萬葉線株式會社〈富山〉

www.manyosen.co.jp

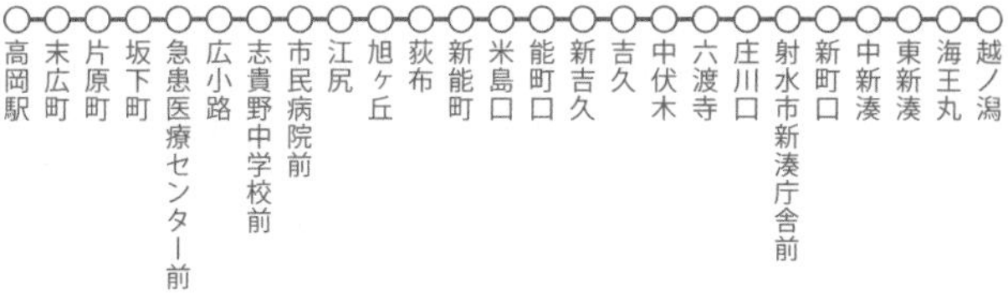
高岡駅
末広町
片原町
坂下町
急患医療センター前
広小路
志貴野中学校前
市民病院前
江尻
旭ヶ丘
荻布
新能町
米島口
能町口
新吉久
吉久
中伏木
六渡寺
庄川口
射水市新湊庁舎前
新町口
中新湊
東新湊
海王丸
越ノ潟

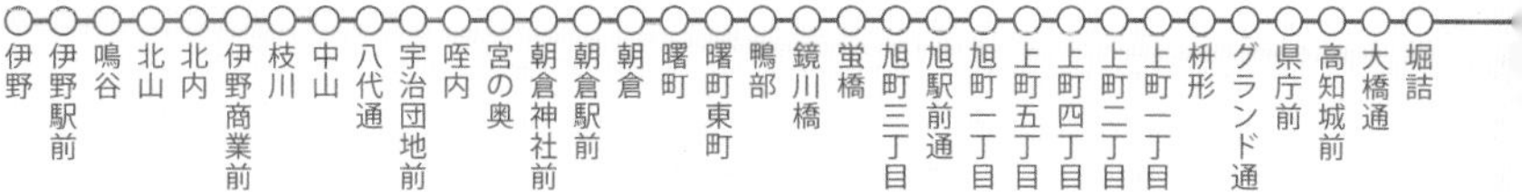
伊野
伊野駅前
鳴谷
北山
北内
伊野商業前
枝川
中山
八代通
宇治団地前
咥内
宮の奥
朝倉神社前
朝倉駅前
朝倉
曙町
曙町東町
鴨部
鏡川橋
蛍橋
旭町三丁目
旭駅前通
旭町一丁目
上町五丁目
上町四丁目
上町二丁目
上町一丁目
枡形
グランド通
県庁前
高知城前
大橋通
堀詰

札幌市交通局〈北海道〉

www.city.sapporo.jp/st

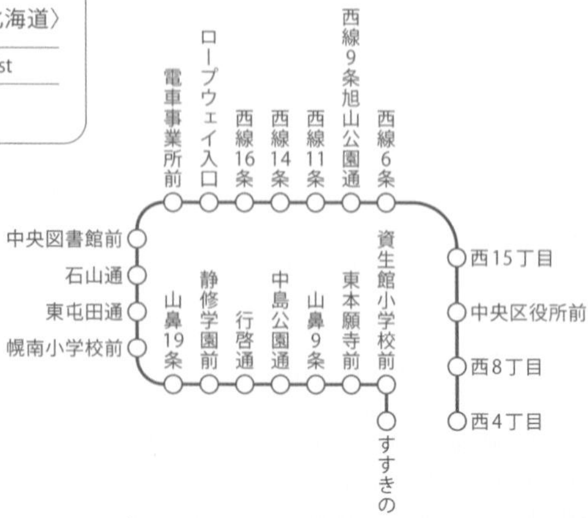
西4丁目
西8丁目
中央区役所前
西15丁目
西線6条
西線9条旭山公園通
西線11条
西線14条
西線16条
ロープウェイ入口
電車事業所前
中央図書館前
石山通
東屯田通
幌南小学校前
山鼻19条
静修学園前
行啓通
中島公園通
山鼻9条
東本願寺前
資生館小学校前
すすきの

江之島電鐵〈神奈川〉

www.enoden.co.jp

鎌倉
和田塚
由比ヶ浜
長谷
極楽寺
稲村ヶ崎
七里ヶ浜
鎌倉高校前
腰越
江ノ島
湘南海岸公園
鵠沼
柳小路
石上
藤沢

嵐電 京福電氣鐵道〈京都〉

randen.keifuku.co.jp

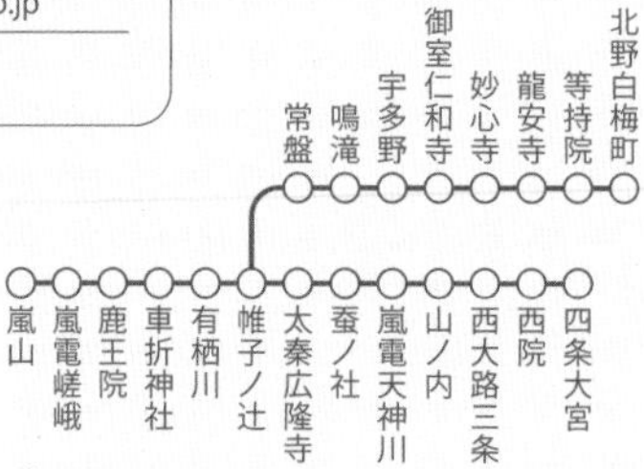
四条大宮
西院
西大路三条
山ノ内
嵐電天神川
蚕ノ社
太秦広隆寺
帷子ノ辻
有栖川
車折神社
鹿王院
嵐電嵯峨
嵐山
北野白梅町
等持院
龍安寺
妙心寺
御室仁和寺
宇多野
鳴滝
常盤

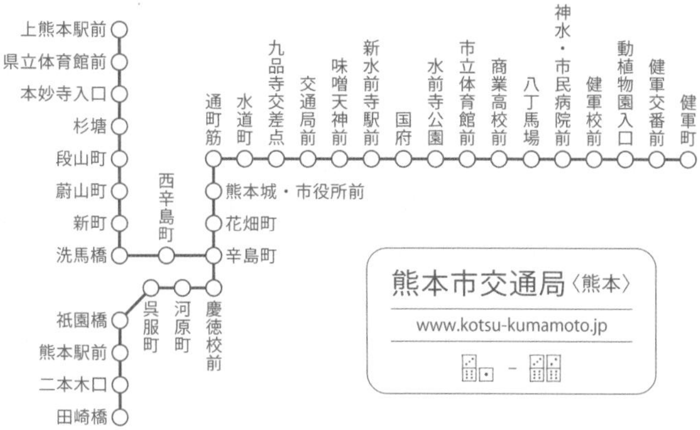
上熊本駅前
県立体育館前
本妙寺入口
杉塘
段山町
蔚山町
新町
洗馬橋
西辛島町
辛島町
花畑町
熊本城・市役所前
通町筋
水道町
九品寺交差点
交通局前
味噌天神前
新水前寺駅前
国府
水前寺公園
市立体育館前
商業高校前
八丁馬場
神水・市民病院前
健軍校前
動植物園入口
健軍交番前
健軍町
慶徳校前
河原町
呉服町
祇園橋
熊本駅前
二本木口
田崎橋

熊本市交通局〈熊本〉

www.kotsu-kumamoto.jp

都電荒川線 東京都交通局〈東京〉

www.kotsu.metro.tokyo.jp/toden

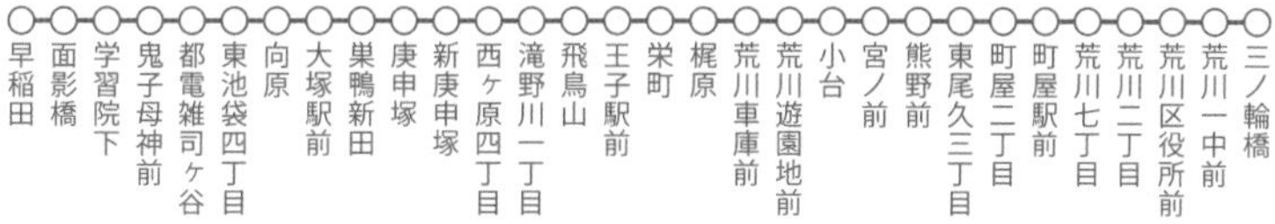
早稲田
面影橋
学習院下
鬼子母神前
都電雑司ヶ谷
東池袋四丁目
向原
大塚駅前
巣鴨新田
庚申塚
新庚申塚
西ヶ原四丁目
滝野川一丁目
飛鳥山
王子駅前
栄町
梶原
荒川車庫前
荒川遊園地前
小台
宮ノ前
熊野前
東尾久三丁目
町屋二丁目
町屋駅前
荒川七丁目
荒川二丁目
荒川区役所前
荒川一中前
三ノ輪橋

福井鐵道福武線〈福井〉

www.fukutetsu.jp

越前武生
北府
スポーツ公園
家久
サンドーム西
西鯖江
西山公園
水落
神明
鳥羽中
三十八社
泰澄の里
浅水
ハーモニーホール
清明
江端
ベル前
花堂
赤十字前
木田四ツ辻
公園口
市役所前
仁愛女子高校
田原町
福井駅前

豊橋鐵道市內線〈愛知〉

www.toyotetsu.com

117 - 124

駅前 ― 駅前大通 ― 新川 ― 札木 ― 市役所前 ― 豊橋公園前 ― 東八町 ― 前畑 ― 東田坂上 ― 東田 ― 競輪場前 ― 井原 ― 赤岩口

井原 ― 運動公園前

富山輕軌〈富山〉

www.t-lr.co.jp

125 - 132

富山駅北 ― インテック本社前 ― 奥田中学校前 ― 下奥井 ― 粟島 ― 越中中島 ― 城川原 ― 犬島新町 ― 蓮町 ― 大広田 ― 東岩瀬 ― 競輪場前 ― 岩瀬浜

京阪電氣鐵道大津線〈滋賀・京都〉

www.keihan-o2.com

133 - 140

坂本 ― 松ノ馬場 ― 穴太 ― 滋賀里 ― 南滋賀 ― 近江神宮前 ― 皇子山 ― 別所 ― 三井寺 ― 浜大津 ― 島ノ関 ― 石場 ― 京阪膳所 ― 錦 ― 膳所本町 ― 中ノ庄 ― 瓦ヶ浜 ― 粟津 ― 京阪石山 ― 唐橋前 ― 石山寺

浜大津 ― 上栄町 ― 大谷 ― 追分 ― 四宮 ― 京阪山科 ― 御陵

筑豊電氣鐵道〈福岡〉

www.chikutetsu.co.jp

141 - 148

黒崎駅前 ― 西黒崎 ― 熊西 ― 萩原 ― 穴生 ― 森下 ― 今池 ― 永犬丸 ― 三ヶ森 ― 西山 ― 通谷 ― 東中間 ― 筑豊中間 ― 希望が丘高校前 ― 筑豊香月 ― 楠橋 ― 新木屋瀬 ― 木屋瀬 ― 遠賀野 ― 感田 ― 筑豊直方

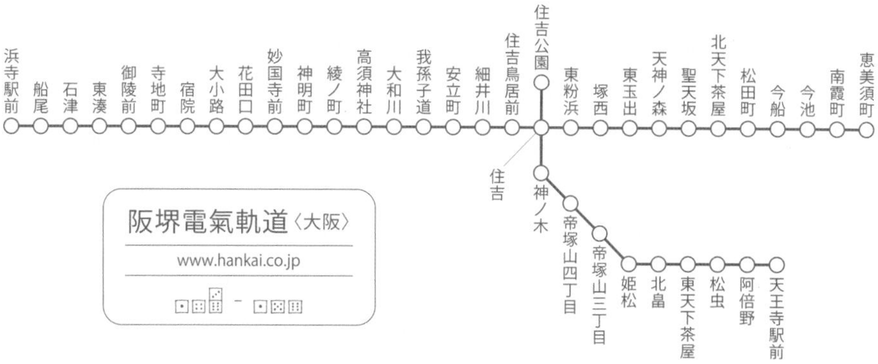

阪堺電氣軌道〈大阪〉

www.hankai.co.jp

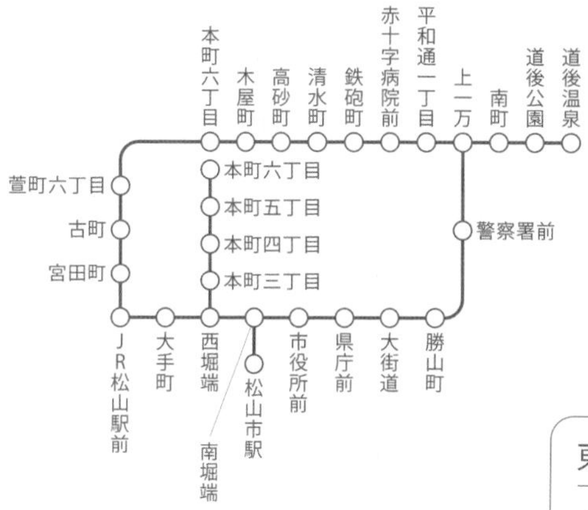

伊予鐵道松山市內線〈愛媛〉

www.iyotetsu.co.jp

東急電鉄世田谷線〈東京〉

www.tokyu.co.jp/ekitown/sg

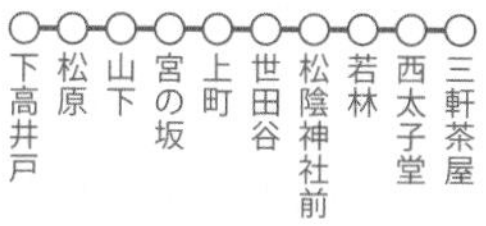

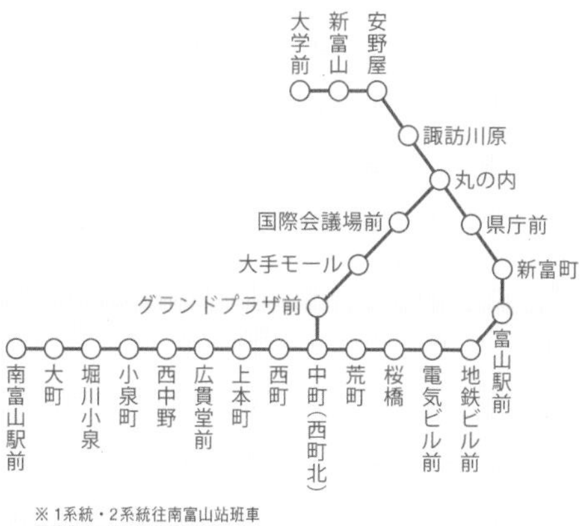

※1系統・2系統往南富山站班車不停靠中町(西町北)停留場。

富山地方鐵道市內線〈富山〉

www.chitetsu.co.jp

結語

當全日空國內線《翼の王国》的連載確定時，我有著如昇天般的心情。因為每二個月，就能到日本某處去看看路面電車1次！第1次的長崎，我還記得處於探路找規則的狀態，採訪和寫作都有著許多困惑。各個採訪單位都告訴我許多珍貴的事情，連車庫都讓我參觀。這對電車迷來講，是極頂的幸福。

走遍日本全國的21條路面電車路線，看來悠閒的散步卻也有著如山高的大量插曲。為了拍下路面電車行駛的最佳鏡頭，我也常在盛夏和嚴寒中，在交叉路口、行人路橋、河邊、田中間長時間等候電車到來。電車站數量多的路線，電車無法按照時刻表行駛，最後就是一團亂！我是個極端的雨女，所以也常被天氣所擺弄。

路面電車的車內，自然發生的對話、與沿線居民們的交流、發現路線各異的個性、深深印在眼裡的美麗風光。在各個採訪單位感受的吸收的內容，我以自己的角度做了詮釋。

這一次集結成書之際，除了連載的部分之外，另外加上了東急世田谷線和富山地方鐵道市內線的採訪。1年半來首度搭飛機，然後是路面電車。

這次也再度感受到，路面電車不管什麼時候，也不管去那裡，都能帶給我安心的感覺與悸動的心情。好幾次都覺得羨慕，如果自己住的地方也有路面電車該有多好。路面電車，是對環境對人都和善的交通工具。也期盼著有一天，人們能夠再度了解路面電車的好，因而出現新路線或復駛。

最後，藉著這次的機會，向接受我採訪的各路面電車事業單位，以及採訪停留中認識的各地好朋友致謝。也向提供我連載機會的全日本空輸株式會社的各位，原TODO PRESS的沼尻賢治先生、連載時的責任主編—TODO PRESS的渡邊卓郎先生、山本梓小姐致謝；集結出書的編輯時，TODO PRESS的門前貴裕先生、宮崎沙綾小姐、堤直子小姐，謝謝你們，你們幫了我很大的忙。最後，要感謝集結出書時給了我很大支持的家人，以及外子——設計師長澤昌彥。

鈴木 さちこ

國家圖書館出版品預行編目資料

路面電車4569散步／鈴木さちこ作；
張雲清翻譯. -- 第一版. -- 新北市：人人，
2016.11　面；公分　（人人趣旅行；49）

ISBN 978-986-461-071-6（平裝）

1.旅遊　2.電車　3.日本

731.9　　105019046

【人人趣旅行49】
路面電車4569散步

作者／鈴木さちこ
翻譯／張雲清
校對／周琴
編輯／甘雅芳
發行人／周元白
排版製作／長城製版印刷股份有限公司
出版者／人人出版股份有限公司
地址／23145台北縣新店市寶橋路235巷6弄6號7樓
電話／（02）2918-3366（代表號）
傳真／（02）2914-0000
網址／http://www.jjp.com.tw
郵政劃撥帳號／16402311 人人出版股份有限公司
製版印刷／長城製版印刷股份有限公司
電話／（02）2918-3366（代表號）
經銷商／聯合發行股份有限公司
電話／（02）2917-8022
第一版第一刷／2016年11月
定價／新台幣 300 元